新文科建设·影视传媒类专业系列教材

主持人思维与即兴口语表达

ZHUCHIREN SIWEI
YU JIXING KOUYU BIAODA

王 博◎主编

四川大学出版社
SICHUAN UNIVERSITY PRESS

图书在版编目（CIP）数据

主持人思维与即兴口语表达 / 王博主编 . 一 成都 ：
四川大学出版社，2024.1
新文科建设·影视传媒类专业系列教材
ISBN 978-7-5690-6688-3

Ⅰ . ①主… Ⅱ . ①王… Ⅲ . ①主持人－思维方法－训
练－高等学校－教材②主持人－语言艺术－高等学校－教
材 Ⅳ . ① G222.2

中国国家版本馆 CIP 数据核字（2024）第 018849 号

书 　 名：主持人思维与即兴口语表达
　 　 　 　 Zhuchiren Siwei yu Jixing Kouyu Biaoda
主 　 编：王 　 博
丛 书 名：新文科建设·影视传媒类专业系列教材
总 主 编：王 　 博

丛书策划：侯宏虹 　 罗永平
选题策划：侯宏虹 　 罗永平
责任编辑：罗永平
责任校对：王 　 静
装帧设计：墨创文化
责任印制：王 　 炜

出版发行：四川大学出版社有限责任公司
　 　 　 　 地址：成都市一环路南一段 24 号（610065）
　 　 　 　 电话：（028）85408311（发行部）、85400276（总编室）
　 　 　 　 电子邮箱：scupress@vip.163.com
　 　 　 　 网址：https://press.scu.edu.cn
印前制作：四川胜翔数码印务设计有限公司
印刷装订：四川省平轩印务有限公司

成品尺寸：170 mm×240 mm
印 　 张：14.25
插 　 页：2
字 　 数：251 千字
版 　 次：2024 年 4 月 第 1 版
印 　 次：2024 年 4 月 第 1 次印刷
定 　 价：45.00 元

扫码获取数字资源

四川大学出版社
微信公众号

前　言

媒介技术的迭代加快了媒介生态变革的进程，对媒介生产过程中的各领域、各环节都产生了重要影响。媒介融合语境下对主持人的语言能力要求更高，不仅传统媒体中主持人的语言样态要进行革新，新媒体领域的有声语言创作更需要生发出新的表达样态与范式。

首先，大数据时代下的即兴口语表达面临新的系统认知。

我们身处的社会被学者们认为是一个"技术时代"中的社会，技术时代的理论认知似乎面临着困境，人类生存境遇和整体知识样态的转向呼吁我们要转变认知，既要注重客观事物的本质、规律，也要关注对事物主观和客观认识的系统化，建立符合社会发展的系统认知。

基于不同的文化知识、生活阅历，不同的人在看待事物、分析问题上就会形成不同的视野和格局。具备深厚文化底蕴的主持人呈现的话语内容应兼顾引领性、内涵性、创新性、哲理性、寓意性等特征。当前，评价主持人的技术指标，不只是形象和声音至上，理念认知、文化底蕴、价值引导等更是主持人品牌性的重要标识。

其次，即兴口语表达需聚焦"三力""四度"原则。

新媒体时代信息传播速度快，传播主体个性化表达增多，且即兴口语表达应用范围广、频率高，赋予即兴口语表达广阔的创作空间。因此，当下更需要传播主体把握媒介语境和传播语境，在内容生产、受众需求、自我表达之间找到契合点，从"三力""四度"着手，提升即兴口语表达能力。

"三力"，即洞察力、思维力、表达力。洞察力，是个体通过有计划、有目的的主动知觉过程敏锐发现问题的能力，主持人要善于发现问题、解决问题；思维力，思维的运动过程对口语表达有着重要影响，主持人要不断提升思维的严密性、逻辑性、创造性；表达力，是有声语言传播者的一项重要基本功，包含语音基础、表达技巧、风格塑造三个层面，主持人要做到准确规范、清晰流畅。"四度"，即"站位有高度、视野有广度、分析有深度、表达有温度"。站位有高度，有远见、有预见的主持人才会有宏阔的视野和眼光；视野有广度，拥有广阔的眼界才能拥有与众不同的思路和高屋建瓴的观点；分析有深度，作为大众媒介的代言人，在真实传达信息的基础上要强化新闻的本质与内涵，做到精准、精练、精彩；表达有温度，主持人要有服务受众的意识，用情、用心、用力讲好中国故事。

最后，即兴口语表达的审美导向是旨归。

人类不只有智能世界，还有精神世界。即便生活在机械系统之中，"人"依然无法被取代，通过感性感知打开丰富的世界层次后，世界对于人性所传递的温度是有庇护的。

"美不自美，因人而彰。"审美是人们理解世界的形式之一，既要有"审"，也要有"美"。口语表达是人与世界建立联系的审美性展示，是通往逻辑理性的精神建构。作为有声语言艺术的传播者，主持人要在即兴口语表达过程中坚持语言表达的感染力，与受众形成共鸣、共情、共振。

即兴口语创作是一项系统性、理论性、实践性工程，不能简单理解为"即兴口语在媒介中传播"的物理属性。创作主体应充分考量话语呈现的媒介责任、传播责任、社会责任，始终坚持马克思主义新闻观、文艺观，坚持正确的舆论导向，立足时代、扎根人民、深入生活，树立正确的艺术观和创作观。

"知之愈明，则行之愈笃。行之愈笃，则知之益明。"超越与阐释应始终伴随我们的思维与思考，让我们通过多样性、多质性、多学科、跨学科的知识给予口语表达更强烈的认知体验与丰富的审美体验，尊重传播规律，掌握表达技巧，实现传播效果的最优化。

目　录

第一章　即兴口语表达概述

1. 了解即兴口语表达的概念及特征。
2. 掌握即兴口语表达的形式特征。
3. 熟悉即兴口语表达的准备。

第一节　即兴口语表达的概念及特征

理论概要

一、即兴口语的界定

口语是一种运用有声语言通过口耳交际完成的语言存在形式。相对于书面语的复杂与冗长，口语表达更加简洁和直接。即兴口语表达作为一门艺术、一门学科，同书面语表达一样需要逻辑支撑，并非杂乱无章，随心所欲。

思维和语言是人类反映现实的意识形式中两个相互联系的方面。思维是语言的内容，语言是思维的载体。[①] 语言是人类沟通交流的必要工具，即兴口语表达是一种将思维逻辑转换成言语即时输出的表达形式。即兴口语表达区别于

---

① 李衍华：《逻辑·语法·修辞》，北京：北京大学出版社，2011年版，第5页。

书面语，有别于传统的有稿播音，它所借助的是"提纲＋资料"。① 因此，即兴口语表达是指需要结合分析、判断、推理、辩证、归纳、概括等逻辑思维能力，并运用恰当、准确、符合伦理的口头语言即时相互交流沟通和传递信息的听说实践活动。

即兴口语表达的应用范围非常广泛。根据内容可分为新闻评论、会议辩论、政治演讲、学术报告和经济演说等；根据目的可分为说服性口语表达、煽动性口语表达、传授性口语表达、娱乐性口语表达、描述性口语表达和凭吊性口语表达；根据场所可分为现场讲演、电视演讲和广播演说。即兴口语表达在播音主持中主要应用于新闻评论节目、综艺娱乐节目、社教服务类节目、访谈类节目、辩论和演讲等领域。

二、即兴口语表达的特征

即兴口语表达的特征可总结为突发性、一维性、原生态性、情境性、套路性和具象性等。② 结合播音与主持艺术专业的研究背景，本书将即兴口语表达的特征归纳为非常规性、天然性、语境性、随机性和具象化五大特征。熟练掌握每一种特征的应用方法，有助于提高主持人对即兴口语表达的综合理解，可以更好地进行即兴口语的思维与表达训练。

（一）非常规性

非常规性是即兴口语表达最显著的特征。在日常生活中，口语表达的非常规性特征随时体现，例如，上课时被老师点名发言，或者小组讨论临时需要组织语言发表意见，甚至是购买商品后维权需要展开陈述与争论，等等。专业的主持人需要更加积极地应对即兴口语表达的非常规性特征。因此，培养口语表达者的临场应变能力，提高应对突发事件的控场能力，是针对即兴口语表达的非常规性的训练的核心。主持人在广播、电视或现场进行口语表达时，面对突发情况更需要脱离台本，灵活处理突发状况并从容进行即兴口语的表达，力求呈现更好的演出或节目效果。

---

① 张颂：《播音语言通论——危机与对策》，北京：北京广播学院出版社，1994 年版，第 9 页。
② 李衍华：《逻辑·语法·修辞》，北京：北京大学出版社，2011 年版，第 12 页。

（二）天然性

在语言发展史上，口语比书面语更早出现，是语言传播的一种原始的天然形态，体现了自然语言的鲜活性与生活化。在西方，有著名思想家、哲学家柏拉图记录其老师苏格拉底言行的经典哲论《理想国》。在东方，有春秋时期思想家、教育家孔子的弟子及再传弟子记录孔子及其弟子言行而编成的语录文集，即四书之首《论语》。这些著作都是口语表达在先，后整理成册而流传千古的，可见口语比书面语更早出现。

（三）语境性

任何即兴语言表达都需要在一定的背景和语境下展开，语境有助于确定话语的实际表达意义。例如，"你想干什么？"这句话如果出现在男女亲密关系中，可能呈现恋人之间温声细语的询问；如果出现在敌对势力双方的谈判语境中，则会呈现针锋相对的挑衅与警告。要注意的是，即便在同一语境下，不同的口吻、人物身份，停连和重音的改变，不同的情绪，都会改变口语表达的情境性。在口语表达中，根据对不同场景的不同理解，受众也会对口语表达者产生一定的误解。

（四）随机性

即兴口语表达具有随机性和不确定性，相较于书面语的逻辑缜密、字斟句酌，即兴口语表达中有时会有很多重复语句出现，不是事先制定好的、固定性的语句。鉴于即兴口语表达的线性传播特征，重复表达有助于受众加深印象，便于在即时性的听说互动中加强听众对表达者话语的理解。同时，因为外部有声语言诉诸听觉，留在记忆里的时间只有七八秒，在这之后记忆就会模糊不清，[①] 为了让受众更加清晰明了地理解说话者的内容，重复表达有时也具有必要性。这种重复性也是由口语表达的随机性特征决定的。

---

① 姜燕：《即兴口语表达》，济南：山东人民出版社，2019 年版，第 19 页。

（五）具象化

即兴口语表达还有具象化特征，具体表现在说话者通过语言表达将一些无形且抽象的事物具象化。语言传播者通过语言将事件本身进行分解，借助语言逻辑讲解事件，受众通过联想与想象将这些话语还原为一定场景，在此过程中形成了"编码—解码"的语言传播过程。即兴口语表达的具象性的作用在于激发受众的想象、联想和情感活动，通过口语表达完成一种艺术审美中的移情作用。即兴口语表达的具象化与移情作用的不同之处在于，它更专注于一些具体的事物，而非仅仅投射在抽象的情感共鸣之上。

三、即兴口语表达的形式特征

即兴口语表达是大众传播中的创造性活动之一，通过敏捷的思维逻辑编排，即时性地将思维转化为语言进行表达，并不完全依托于文字稿件。即兴口语除了具有语言的一般特点，在语言传播上也具有明确的口语特点和要求。下面将从即兴口语表达的语调、用词和用句几方面分析总结即兴口语表达的形式特征。

（一）语调特征

即兴口语表达中的语调特征与情境性相关。在即兴口语表达中，随着表达者交流的对象、情绪、场景和意图的不同，语调的长短、节奏及语气的轻重缓急都会变化。口语句子的实义切分是由语调来完成的，这是口语的重要特点之一。每一种语言都有自己的语音节律规则系统，普通话语音中的声韵、声调、儿化等都属于节律的组成部分。汉语语音中独特的音高、音强、音长和音色各种要素，通过不同富于表现力的组合，可以构成声韵、平仄、停延、高低、轻重、长短、快慢等节律的基本形式。这些基本形式在语流中按一定的规则相互协调、交织套合，形成了汉语特有的节奏和韵律。

即兴口语的语调要适应说话的场景，或亲切自然，或高亢激昂，但必须符合口语传播的基本要求，形成有效传播，即将表达内容清晰准确地传递给受众且为受众所理解和接受，因此口语语调是否悦耳对受众来说很重要。表达者需要在即兴口语表达中结合丰富的表现力、抑扬顿挫的起伏和声、韵、调的准确，符合语音规范地呈现出和谐的、吸引观众的表达效果。

（二）用词特征

词语是语言的重要组成部分。经研究发现，每句话的词更少，每个词的音节更少，听者的兴趣程度更高。因此，在即兴口语表达时把握用词的准确性和通俗性，避免重复词汇，可以让口语表达的呈现效果最优化。

1. 用词通俗化

口语表达的用词主旨在于通俗易懂，用词特点是更生活化，要尽量用直接简洁的词汇在最短时间内让受众接收到正确的表达信息。因此，表达者在用词方面应尽量做到口语化和生活化，避免晦涩难懂、生搬硬套。尤其是在快节奏的即兴表达中，受众的听觉器官需要保证接收信息的畅通无阻，越是低阻碍、易接受的语言信息，越能让受众快速准确地接收。

即兴口语表达必须是通俗易懂、简单明了。无论是用词还是语法，都需要和书面语有所区别。在明确受众认知的基础上，主持人要尽量避免使用与受众有交流障碍的用词和语法。

2. 用词生动性

在即兴口语表达中，生动形象的用词和语言风格可以在最短时间内吸引受众。绘声绘色的语言描绘不仅能增加主持人的个人魅力，也能增添主持人即兴口语表达的表现力，这就需要主持人充分利用有声语言的表达特点，丰富思想情感，灵动地表达想要传递的信息内容。

3. 避免重复词汇和同音字

主持人即兴口语表达要符合语法规范，避免使用方言词汇，减少书面语的使用，避免不恰当的口头禅和重复词汇。表达用词越是多样化、多元化，口语表达内容的呈现就越完美。尤其是口语中一些承上启下的关系词，其中最常重复的、无用的词语便是"然后""接下来""那个""这个"，有的人甚至把这些词变成一种非常难以更正的惯性口头禅，这种"冗余"的词汇会让主持人的即兴口语表达效果大打折扣。

（三）用句特征

掌握清晰的话语方法是即兴口语表达中对用句的基本要求。为减少听者的障碍，在口语表达中无意义的句子、复杂的长句和连续的转折句等都应避免使用。

1. 短句优于长句

人通过听觉器官接收信息的记忆是短促的，因此在口语表达时，相比长句，说话者使用短句更便于受众记忆和理解信息内容。例如，当人们通过电话听筒接收数字信息时，对方发出单个数字的指令，比对方发出多个数字的指令更让人容易记住。口语与书面语的不同之处在于，口语中有更多的词汇代指说话者，更多的不确定的量化词汇（许多、非常多），更多的限定术语（如果、但是），以及更多表示观点的术语（看起来，显示出）。然而，说话比写作更抽象，在口语中，有更多的有限动词和更少的抽象名词。这也就意味着，同样的叙述一件事情，口语叙事比写作叙事理解起来更抽象、难懂。因此，短句更适用于口语表达。

句子的长短是由用词的多少和结构的繁简情况来确定的。长句是指那些词汇量多、结构复杂的句子；短句是指那些词汇量少、结构简单明了的句子。用词少、结构简单、关联词少的短句绕口令显得朗朗上口；用词丰富、结构复杂、关联词多的长句显得缺乏记忆点，不容易在口语表达中起到强调内容的作用。

2. 单句优于复句

单句一般只有一个主谓结构，复句则有两个或两个以上的主谓结构。口语叙事包含的句子更长，但不一定比书面语使用的句子复杂，主要的区别在于文本的组织方式。语言形式和内容之间显著的文本组织互动表明，与书面故事相比，口语故事包含明确的语言形式，这些相同的故事包含了大量的过程成分，过程成分如果没有被连接起来，会导致文本内容组织散漫。书面叙事包含了更高比例的关联成分，因此是更密集的文本。在口语表达中，结构简单的句子的优势体现得更明显——信息更加直接、明确。

3. 句型、句式需多变

汉语的句式结构丰富多彩，从语序上可以分为常式句和变式句。从一般汉语的句式看，通常的语序是主—谓、动—宾、装饰语—中心语、偏句—正句，这些统称为常式句，即指句子成分按一般次序排成的句子。变式句指句子成分打破一般次序，排列次序较特殊的句子。常见的变式句有两类：一类是单句成分次序排列特殊的句子，如主谓倒装句、定语后置句、状语后置句、宾语前置句等；另一类是复句中分句次序排列特殊的句子，如因果倒置句、转折倒置句、条件倒置句、假设倒置句等。常式句与变式句转换的要点是找准需要强调的内容，并将其推前或置后。

研究发现，口语表达与书面表达存在明显的语法差异。句法结构则是由语言表达者的风格决定的，在口语表达中，以遵从多用短句和单句的规则为前提，不同句型和句式之间的转换应用于底层结构，可以更好地增加口语表达的丰富性与生动性。

4. 合理的语速

合理的语速在即兴口语表达中至关重要。适合口语表达的语速是每分钟大约 240 个音节，每分钟 150~300 个音节均被视为正常，对于语速的控制应随着媒介变化、空间变化、受众定位等适时转变。

实践训练

训练要求：根据即兴口语表达的特征，完成下面的题目。运用瞬间思维，有效组织语言，内容要真实，逻辑要清晰，语言表达要丰富、流畅。

1. 介绍你最喜欢的一本书。

2. 介绍你最喜欢的一部电影。

3. 介绍你最喜欢的一首歌曲。

4. 介绍你最喜欢的一位作家。

5. 介绍你最欣赏的一幅绘画或摄影作品。

6. 介绍你最喜欢的一个季节。

7. 介绍你最喜欢的一部小说。

8. 介绍你最了解的一个非物质文化遗产。

9. 选取二十四节气中的任意一个进行介绍。

10. 复述一则来自经济、政治、社会、教育或艺术领域的最新消息。

第二节 即兴口语表达的构成要素及传播伦理

理论概要

一、即兴口语表达的构成要素

在广播电视节目中，主持人的口语表达是否具备信息传播的承载力是非常重要的。语言的承载力是指传播主体的个人语言修养和表达能力承担职业领域表达任务的程度。[①] 当前，传统媒体及新媒体的创作机制和节目发展趋势，都要求主持人在语言传播过程中拥有良好的即兴口语表达能力，以保证口语传播的高质量和高水准。

（一）口语表达者

口语表达者是向受众传达口头信息的人。作为一名口语表达者，主持人在给受众传达主题时，需要保证表达内容的清晰和简洁，让受众顺利接收和理解其所呈现的信息。如果受众对这个话题感到困难或不熟悉，口语表达者可能需要在整个语言传播的过程中不断重复，以确保受众接收到相关信息。

（二）信息

优秀的即兴口语表达的目的是说服、告知或娱乐，要做到这一点，口语表达者必须有一个特定的表达目的。关键信息是表达的核心，受众需要明确地接收到这一点。通过一个清晰简洁的关键信息，口语表达者能够与受众沟通真正重要的事情。能否达到这个目的，不但取决于即兴口语表达者所说的语言信息即说话的内容，还取决于非语言信息，即说话的方式等。

---

① 周云：《主持人即兴口语表达》，北京：中国传媒大学出版社，2016 年版，第 9 页。

首先，口语表达者要尽可能把话题缩小，以便在限定时间内表达清楚；其次，口语表达者必须快速整理论据，让观点更加清晰，更有说服力；再次，口语表达者要理清思路，符合逻辑，以免受众听得云里雾里；最后，口语表达者要结合用词和用句标准，选择更加准确、清晰、简单、生动的语言将内容表述出来。

为了让受众记住表达的内容，口语表达者需要注意讲话的语调、面部表情，包括与受众的眼神接触等。作为语言艺术传播者，主持人的重要任务之一就是不能让非语言信息干扰语言信息的传递。

（三）载体

即兴口语表达的载体即信息传播者的口语表达渠道，包括广播、电视、手机等媒介传播手段，是实现口语传播者与受众交流沟通的介质前提。载体是信息得以传播的渠道。口语表达者可以运用一个或多个渠道进行信息传播，不同渠道会让受众接收不同的信息。面对面的信息传播渠道最为直接，避免了传播过程中电子信号干预的风险。

（四）受众

受众是即兴口语表达过程中的传播对象。想成为优秀的口语表达者，就需要考虑受众参照系——知识、经验、目标、价值观、背景及态度的总和。每一位受众作为独立的个体必然有不同的参照系，不同的参照系导致受众接收的信息很难完全一致。因此，口语表达者需要以受众为中心，传播的信息和观点太浅薄或太高深都无法吸引受众的注意力。

（五）语境

语境是传播发生的重要基础，包括社会客观环境、历史文化背景和心理情境。社会客观环境指传播所在的当下具体的环境。历史文化背景指与当前传播内容和传播方式有关的历史沉淀。心理情境是指由传受双方在传播内容上所秉持的认知基础、情感态度、价值取向等因素构成的心理基础。[1]

---

[1]　周云：《主持人即兴口语表达》，北京：中国传媒大学出版社，2016年版，第9页。

（六）反馈

反馈指的是受众传达给口语表达者的信息，通常是非语言信息。观察受众的肢体语言来识别其情绪，有助于口语表达者调整自己的信息，看看谁同意自己的观点和谁不同意自己的观点。作为口语表达者，主持人很容易意识到自己正在被观察，但是受众可能不认为自己会被观察到，所以他们的肢体语言很容易读懂。

（七）干扰

干扰指的是各种阻碍信息沟通的因素。即兴口语表达中的干扰可分为两大类：第一类是对受众的外部干扰，比如室外交通噪音、走廊上有人说话，或是室内温度太热、太冷，这些因素都会影响受众接受信息；第二类则是来自受众自身的内在干扰，也许某位受众牙痛，这种疼痛使得她无暇专注于听讲，或者是某个受众正在为别的事忧心忡忡等。即使遇到以上这些干扰，口语表达者也要尽可能地抓住受众的注意力，及时调整表达的节奏和状态。

（八）场合

场合是指言语沟通发生的时间和地点。在某些场合，如婚礼、开业庆典或毕业典礼上，需要特殊形式的即兴口语表达。讲话的环境非常重要，如是在室内还是室外，是面对一群人还是个别受众，其表达形式上会有天壤之别。主持人会面临许多正式的场合，如现场报道、访谈节目、电竞解说等，若能主动适应不同场合，就会取得更好的口语传播效果。

二、即兴口语表达的传播伦理

传播伦理是一门新的决策科学，作为最强大技术代理的传播管理思想，传播伦理是信息时代的基本哲学。任何大型组织中存在的各种沟通功能不仅意味着更复杂的信息沟通媒体环境，还意味着需要一个共同的视角，即沟通伦理，这有助于整合不同的沟通职能，并为整个组织的沟通提供共同的道德指南。主持人口语传播伦理的基本原则包括三方面内容：言语交际层面的会话原则、大众传播层面的传播理性、社会文化层面的责任意识。

（一）言语交际层面的会话原则

保罗・格里斯（Paul Grice）是一位哲学家，他认为演讲者在交谈时会表现出合作精神。格里斯制定了对话的合作原则，这个原则由以下四条准则组成，在会话中谈话者若能遵循这四条准则，将有助于实现合作。

质量准则：作为表达者，必须说出事实或有充分证据证明的事情；

适量准则：在会话中尽可能适度提供信息，不应该说得太多或太少；

关系准则：语言交流的回应必须与讨论的主题相关；

态度准则：在会话中必须避免模棱两可或晦涩难懂的表达，而是应该直截了当。

在即兴口语表达中也需要遵循以上四条准则。这种交际关系上寻求合作的态度，是一种积极真诚的交流态度。主持人在不同的节目现场的即兴口语表达也属于言语交际的一种，与日常人际交流具有相似性。主持人在通过口语传播信息的过程中需要考虑"自我关系"和"我他关系"的平衡。主持人如果在即兴口语表达的过程中完全以"我他关系"为主导，很可能丧失自我能动性，带有服从或讨好的潜意识状态，很难与受众达成真诚良好的交流。主持人如果在即兴口语表达的过程中过度以自我意识为主导，则会产生偏见和个人主义，从而影响主持人观点的客观性。

（二）大众传播层面的传播理性

大众传播理性是指主持人或记者在传播过程中，拥有高度的职业操守和理性的判断能力，在充分准备和深入思考后，尊重客观事实，以正当传播效果为目标，其言行和思想符合传播伦理的合理性和正当性。主持人在语言传播中应坚守客观公正的立场，兼顾政治、社会等环境因素，避免不负责任的、病态的、非理性的传播；且要以受众为中心，以受众的需求和接受能力为传播出发点，富有同理心，采取多视角思考的方式看待问题。

（三）社会文化层面的责任意识

一是促进包容性和多样性。主持人可以确保他们在媒体平台上呈现的内容能反映广泛的观点、背景和文化。主要包括邀请不同的嘉宾，讨论与不同社区相关的问题，并积极避免刻板印象和偏见。

二是负责任的报道。主持人应优先考虑报告的准确性和客观性。根据事实核查信息，引用可靠来源，避免耸人听闻或传播错误信息。就复杂问题提供全面背景和深入的多角度观点，也可以加强对每一篇报道的责任意识。

三是倡导社会事业。主持人要利用媒体平台提高人们对社会和文化问题的认识。尤其是结合中国特色社会主义发展背景，主持人可以通过讨论环境保护、教育公平和社会正义等话题，成为响应党的号召的倡导者。

四是教育和引导。主持人应扮演教育者的角色，提供有关复杂问题的背景和多方位信息，这将有助于受众更好地理解社会的复杂性和文化的多元性。

五是以身作则。主持人应对自己传播的内容和行为负责，在个人和职业生活中遵守高标准道德观，尊重文化规范，体现同理心和敏锐的洞察力。

通过采取以上这些措施，主持人可以起到加强社会和文化责任意识的作用，营造一个健康、积极的媒体环境，促进社会和谐发展。

实践训练

训练要求：根据即兴口语表达的特征，秉持一个合格的传播者的责任与职业操守，坚守客观和公正的立场，兼顾政治、社会等环境因素，有效组织语言，理性表达。

1. 调查并思考"为什么诸多大学要禁止学生使用 Chat GPT"？
2. 如何评价"播音专业学生要提高文化课成绩"？
3. 如何看待"93 岁抗美援朝老战士去世捐献遗体"？
4. 请谈一谈自媒体时代应该如何恪守新闻伦理。
5. 请谈一谈灾难报道中的新闻伦理。

第三节　即兴口语表达的能力要求

理论概要

一、信息处理能力

主持人的传播任务是通过语言和非语言向受众传递信息。主持人要将信息表达得准确化、艺术化，就需要具备信息处理的能力，熟悉不同媒介的传播规律，具备信息检索、筛选、分析、整合和传播的综合能力。

良好的信息处理能力有助于主持人提升传播效果。首先，通过信息检索和筛选，主持人能更好地与社会舆情同步；其次，通过深刻的信息解读和整合，主持人能掌握充足的事实真相并分析总结出具有说服力的观点；最后，通过良好的信息传播，主持人能准确全面地把握事物的要点和本质，表达更具逻辑性的观点。经过一套完整的信息处理系统，主持人在对信源的使用和建设上会更加精准和高效，在传递各种事实、意见时，能给予更准确评价。良好的信息处理能力有利于主持人增加节目感染力，更加精准地把握受众期待在节目中所能感受到的兴趣点和价值导向，以此建立高品质的传受关系。

二、交流能力

主持人的交流能力是完成即兴口语表达的具体能力之一，包括语言表达上应具备的修辞能力和处理人际传播关系应具备的受众意识。

（一）修辞能力

修辞是在语言交际活动中为提升语言表达效果而使用的规则、规律。广义的修辞指的是正确巧妙地组织语言进行表达思想感情的能力；狭义的修辞指的是修辞中的特殊功能，包括比喻、拟人等修辞手段，旨在提高言辞的表达效果。主持人口语表达中的修辞使用原则服务于语言传播的内容，在即兴口语表达中一定要符合话题主旨，契合当下语境，连贯语篇适应主持人的语言风格。

与书面语修辞相较，口语修辞是立体的，是具象性的声、色、性、形、意修辞，是包含非语言手段的泛语言修辞。口语修辞的修辞主体与接受客体是互动的。主持人在口语表达中所使用的修辞更加通俗化，用词更加简单易懂，句型结构也更加多变和简洁。

（二）受众意识

加强主持人的受众意识培养，也就是增加对受众心理的把握和理解。良好的受众意识主要体现在以下五个方面：

1. 捕捉受众所关注的兴趣点

主持人的表达内容要能引起受众的兴趣，如果主持人有不考虑受众而以自我为中心的倾向，便会使受众局促不安。他们会烦躁、腻烦，渴望换台或离开。

2. 充分考虑受众的参照系

受众对传播内容的接受程度与他们自身的生活背景、知识、经验、价值观等因素有关。太深或者太浅的内容都无法吸引受众的吸引力。

3. 真心诚意地赞美受众

爱听赞美是人的天性。如果主持人公然批评受众，必然招致愤怒。但切记赞美不可言不由衷，真心实意方可赢得受众的心。

4. 与受众融为一体

具有同理心和亲切感的主持人，更易拉近与受众的距离。主持人应换位思考，站在受众的角度考虑问题。

5. 让受众参与你的即兴表达

主持人与受众之间的愉快氛围永远都是对主持人有利的。比起自顾自地口若悬河，适当地制造与受众之间的互动有助于营造和谐的氛围。

三、逻辑思辨能力

逻辑思辨能力是主持人在即兴口语表达中必须具备的能力。良好的逻辑思辨能力可以帮助主持人正确思考，准确组织表达语言，理性看待事实真相。具体而言有以下四方面。

（一）有助于主持人认识客观世界

人们对客观世界的一切认识都来自直接经验，主持人也不例外。要获取更多的知识，促进表达优化及自身职业的发展，主持人就需通过间接的途径获得更多的知识。良好的逻辑思辨能力为人们获得这种间接知识提供了必要的手段。[1]

（二）有助于主持人论证真理，反驳谬误和揭露诡辩

主持人通过逻辑思辨不仅可以获得新知，还可以帮助自己和受众论证这种知识或观点是否可靠与合理。依据大众传播学捍卫真理和批判错误的精神，只有掌握了有效的逻辑形式，才可以合乎逻辑地论证正确的思想和观点，批判和揭露违反逻辑规律的谬误与诡辩。[2]

（三）有助于主持人准确表达思想

在即兴口语表达中，主持人需要在有限时间内迅速准确地表达自身的观点并有效传达给受众。具有良好的逻辑思辨能力的主持人能够明确概念、提炼主旨、准确命题、严谨论证、客观推理，其表达的观点条理清晰，更具有说服力。清晰、准确的表达不仅体现了主持人的学识、才能、智慧，还向受众展示了其敏捷的反应能力、优秀的气质风度和绝佳的心理素质。

（四）有助于主持人的思维创新

发现新观点、提出新问题、掌握新方法都是逻辑思辨为主持人带来的绝对优势。知识更新迭代，已有认识与事物发展客观规律之间的矛盾不断催促着人们进行新的思考并积极解决这些矛盾。主持人具备良好的逻辑思辨能力则意味着他们可以更加敏锐地发现观点中的问题与矛盾，积极思考策略与解决办法，

---

[1] 周艳玲、冯婕：《思维训练与逻辑学基础》，北京：化学工业出版社，2020年版，第18页。
[2] 周艳玲、冯婕：《思维训练与逻辑学基础》，北京：化学工业出版社，2020年版，第18页。

给受众带去新的发现与体验。

训练要求：按要求完成下面的题目。良好地处理信息，尽可能多地运用不同类型的修辞方式，有效组织语言，具有受众意识，逻辑清晰，表达流畅。

1. 分析并传达"传承实践雷锋精神"的重要性（受众设定：小学生）。

2. 分析并评价"促进成渝地区双城经济圈一体化建设"的发展意义（受众设定：成渝地区求职青年）。

3. 整理并评价"明星直播带货频繁翻车，坑位费远高于产品成交额"现象背后的大众消费思考（受众定位：广大消费者）。

4. 分析并总结"60 岁杨紫琼成奥斯卡首位华裔影后"对女性的启发（受众定位：女性群体）。

5. 收集信息并总结"促进生态发展，建立无废城市"的具体措施和重要意义（受众定位：广大市民）。

第四节　即兴口语表达的心理素质

理论概要

在即兴口语表达过程中，口语表达者的心理状态对口语表达内容构建、技巧运用、语言风格等方面均有着重要影响。口语表达者的心理素质优劣直接影响语言传播的实际效果。在口语交际实践中，主持人具有充足的自信与自尊，以及适当的积极紧张，有助于呈现最佳的口语表达效果。

一、自信与自尊

主持人除了要具备良好的政治修养、语言能力、知识水平、思辨能力、临场反应等，还要具备良好的心理素质。

不自信的人很容易受到周围环境的负面影响。主持人经常出席公众场合，一言一行都会受到观众的评论，这样的气氛难免会制造一些焦虑和紧张感。主持人如果对自己的专业能力和业务水平不够自信，则很容易临场发挥失常。

如何避免这样的情况发生呢？主持人的自信心包含两方面因素，一是对自己个人能力的认可度，二是对工作内容的驾驭度。这两方面因素是相辅相成的。自我肯定的心态可以增强完成任务的信心，有助于完成较为艰巨的任务。对任务的熟练驾驭可以帮助主持人树立信心，以战胜困难的方式加强对自我的鼓励与肯定。有备无患是即兴口语表达中不怯场的前提。

在平时的学习和训练中，主持人要对自己提出高要求，对各种知识进行储备，养成阅读和整理信息的习惯。多学习、多观摩各类优秀节目主持人的节目，努力提高自身的专业实力。同时，充分的课外实践不容忽视，在不断的实战中累积和打磨随机应变的临场发挥能力，方可做到沉着应对节目中的突发状况，从容不迫。

自尊则是在自信基础上产生的一种自我态度，它能满足肯定自我形象、维护自我威信的心理需求。在口语表达中一般表现为勇于发表自己的观点。敢于担当，在给予别人尊重的同时也希望得到别人的尊重。主持人的自尊还体现在坚持真理，勇于批判和揭露及保持客观辩证的精神。一名自信自尊的语言传播者，同样会尊重客观事实，尊重受众的立场和感受。

二、积极紧张

紧张是一种再平常不过的现象，大多数人在面对重大的公开活动时都会感到紧张。话剧演员在演出前会紧张，钢琴家在音乐会开始前会紧张，政治领袖在发表演说前也会紧张。作为主持人，我们要试着在即兴口语表达时化紧张为己用。换句话说，在开口之前感到紧张是十分正常的，甚至是一件好事。紧张带来的兴奋感会帮助身体产生额外的肾上腺激素，这是人们在面临压力环境下做出的正常反应，可以试着把那些心跳加快、手脚打战、皮肤出汗的现象看作一种"舞台兴奋"或者"表演狂热"。语言表达者向受众展示自己的语言成果时，应将这种紧张的情绪看作表演成功的一种元素。

那么如何才能真正做到让紧张成为积极的呢？最好的方法是大量积累和不断练习，也就是我们常说的"胸有成竹"。机会是留给有准备的人，尽管这句话已经是老生常谈，但依旧有不少人会忽视"有备而来"的奇效。主持人只有在平时花了大量的时间去准备，临场发挥时才会胸有成竹、运筹帷幄。就如同无数次练习成功的那样，在即兴表演中自然而然地便发挥出最佳的水准，这也是即兴口语表达最喜闻乐见的一点。

实践训练

训练要求：以组为单位完成下面的即兴辩论。辩论环节可以设置为开篇陈词、攻辩环节、自由辩论、总结陈词。辩论时要做到胸有成竹，运筹帷幄，状态积极，逻辑清晰，反应迅速，表达流畅。

1. 批评教育和表扬教育哪个更能培养孩子的勇气？
2. 生活被工作填满，是否需要辞职？
3. 应不应该禁止使用 ChatGPT？
4. 新闻播音将来会不会被 AI 替代？
5. 机遇出人才，还是机遇未必出人才？
6. 沉默和愚昧哪个更可怕？
7. 人类会不会毁于科技？
8. 父母是否应该告诉小朋友童话都是假的？
9. 碎片化阅读是否有利于积累经验？
10. 大学生活自律和他律哪个更重要？
11. 近墨者黑，还是近墨者未必黑？
12. 成功的影视作品是否应该拍续集？
13. 逆境有利于成长，还是顺境有利于成长？
14. 这是不是一个看脸的社会？
15. 高福利政策是否有利于激励工作热情？
16. 短视频的兴起是精神文化的充盈，还是精神文化的匮乏？
17. 在当代，是否应该提倡严肃表达？
18. 文艺市场集体怀旧是不是好事？
19. 代沟的主要责任在长辈还是在晚辈？
20. 顺境和逆境，哪个更利于成长？

本章思考题

1. 即兴口语与书面语的关系是什么？

2. 即兴口语表达的特征是什么？

3. 如何提升即兴口语表达的心理素质？

4. 即兴口语表达者的能力素养有哪些？

5. 媒介融合时代，即兴口语表达的重要性有哪些？

6. 自媒体时代，你如何看待新闻伦理的重要性？

拓展阅读

央视网｜中央广播电视
总台2019主持人大赛

央视网｜中央广播电视
总台2023主持人大赛

第二章　思维方式

1. 了解思维与语言的关系。
2. 掌握不同思维方式的特点。
3. 能在语言活动中熟练运用不同思维方式进行表述。

思维能力的培养，在即兴口语表达这一系统工程中占据着重要的位置。加强思维能力的训练，目的在于提高即兴口语表达思路的畅达性、反应的敏捷性、推理的缜密性，使即兴口语表达过程能保持活跃、积极的思维状态。①

本章讲解的几种思维方式是通过不同的思考路径完成的，培养这些思维方式要从改变思维习惯开始，掌握这些技巧不仅能为表达提供更加丰富的思维理念与路径，也能提升即兴口语表达的逻辑性、延展性、艺术性。

第一节　思维与语言活动的关系

理论概要

思维是人们观察、分析、判断、推理事物的过程，是人们对感性材料进行

---

① 张颂：《中国播音学》，北京：中国传媒大学出版社，2003 年版，第 312 页。

加工并转化为理性认识及解决问题的基本形式。思维能力作为人类独有的把握世界的能力，不仅仅是人类认知世界的本能，也是人类从事其他活动，如专业学习、社会工作等的必要和重要基础。[①] 主持人思维能力的高度与宽度，决定了在不同播音主持情境下语言表达的深度与广度。

对于播音与主持艺术专业的学生而言，思维通过语言表达呈现。思维的运用和无稿播音联系尤为紧密，很多主持人都有在不同语言场景中以出众的思维能力锦上添花、化险为夷的经典案例。近年来，中央广播电视总台的《主持人大赛》、上海东方卫视的《主播有新人》等专业节目中，主持人思维能力的运用在很大程度上影响了其表达效果。

思维和语言是相互依存、相互促进的。语言是思维的载体，思维是语言的基础。简言之，在即兴口语表达的学习中，语言主外，影响表意是否完整，而思维主内，决定表达上限。思维能力强、缺乏语言能力无法展现出完整的思维过程，空有语言能力、忽略思维运用也会无法达到预期的语言传播效果。因此，思维和语言相互依存，没有脱离思维的语言，也没有脱离语言的思维。

实践训练

一、快问快答

训练要求：以小组的方式进行一问一答训练。看到题目后快速回答，注意不是简单地针对问题本身进行回答，还要对内容进行适当的延展，可以解释、说明或提供案例，让语言内容承载一定的信息量，也可以根据不同情境有针对性地设置其他问题。

1. 你有什么缺点？这些缺点会给你带来什么影响？
2. 你的人生格言是什么？
3. 你的性格和你所学专业的关系是什么？
4. 你如何评价自己？
5. 你想成为什么样的人？
6. 给你留下最深刻印象的一件事是什么？

[①] 王彪：《主持人思维与表达》，北京：中国传媒大学出版社，2017年版，第7页。

7. 你最喜欢的一部电影是什么？

8. 你认为最值得珍重的品格是什么？

9. 请用三个关键词概括一下你的性格。

10. 请用三个关键词介绍你自己。

二、头脑风暴

训练要求：充分发挥联想，迅速思考并回答下面的问题，语言表达清晰准确，答案要符合客观规律。

1. 说出杯子的 5 个用途。

2. 尽可能多地说出易拉罐的用途。

3. 选择 5 个城市并说出该城市最具代表性的建筑。

4. 说出 5 种颜色及其象征意义。

5. 说出 5 种花及其象征意义。

6. 用 10 种不同的方式表达"我爱你"。

7. 用 10 个不同的单音节字表达"看"。

8. 用 10 组不同的双音节词表达"看"。

9. 用 10 个不同的单音节词表达"吃"。

10. 用 10 组不同的双音节词表达"吃"。

第二节　正向思维与逆向思维

理论概要

一、正向思维

（一）正向思维的定义

正向思维也称惯性思维，是指人们在日常的思维创造活动中，遵循事物常规的发展规律去思考、推测、分析和解决问题的一种思维方式。正向思维属于线性思维的一种，是从事情的起因到结果的思维，也是通过客观已知的条件预测未知的能力。正向思维是绝大部分思维主体面对某一事物或突发事件时会自然运用的。擅长正向思维的人都是因果逻辑的"收集者"，我们要根据客观已知的条件去思考未知的结果，以备不时之需。

（二）正向思维的培养

正向思维是日常生活中运用最多的一种思维方式。正向思维的培养伴随着每个人的成长。正向思维是通过思维主体的生活经验或知识积累"惯性"思考的结果。培养正向思维需要思维主体博览群书、增加生活阅历、提高思考能力、善于观察日常的逻辑关系等。

二、逆向思维

（一）逆向思维的定义

逆向思维也称"反向思维"或"求异思维"，但逆向思维并不是简单地将正向思维进行颠倒的思维方式。如果说将某一事物的起因设为 A，结果设为 B，那么正向思维是由 A 到 B 的过程，而逆向思维并非由 B 到 A 的过程。敢于"反其道而行之"，是使逆向思维成为创造性思维的一种基本方法。

如果说正向思维是思维主体的一种常规思维方式，那么逆向思维则属于非常规思维方式。加强非常规性和灵活性的逆向思维练习，有助于我们在思考问题时打破盲目的思维定式，摆脱固有观念和思维框架的束缚，在现成的结论面前能够提出疑问，采取与传统观念相反的方向或与传统观念相对的方法来进行思考，使即兴口语表达能够以创新的精神在求异思维中从新的角度探索问题并得出新的结论。[①]

（二）逆向思维的特点

逆向思维的非常规性思考方式有助于我们另辟蹊径，从事物的反向进行推

---

① 鲁景超：《广播电视即兴口语表达》，北京：中国传媒大学出版社，2000年版，第74页。

断，并运用逻辑推理和因果联系寻找新的解决方案。

1. 普遍性

首先，逆向思维的普遍性指的是一种适用范围。与正向思维一样，日常生活中逆向思维适用于各种环境和场合。只要思维够灵活，逆向思维可以帮助思维主体用大部分人不会想到也不会用到的方法分析问题、解决问题。其次，逆向思维的方法论强调用一分为二或对立统一的观点看问题。任何事物都有正反两方面，有多少种对立统一方式就有多少种逆向思维的维度，如上与下、高与低、胖与瘦、冷与暖、黑与白、强与弱、重与轻，等等，无论哪一种方式，只要能从一面想到与之相对的另一面，即逆向思维。例如，有句俗语叫"早起的鸟儿有虫吃"，如果反向思考，可以说成"早起的虫儿被鸟吃"，这种思维方式为我们提供了更多的思考路径。

2. 批判性

正向思维是惯性的、常规的思维方式，而逆向思维是反向的、求异的思维方式，是对常规的、公认的、传统的思维方式的一种"反叛"，这种反叛不具有贬义，是用另一种符合逻辑、遵从客观事实、不违背伦理道德的思维方式进行思考。

3. 新颖性

正向思维的结果是我们最容易想到和循规蹈矩的。试想如果自己置身于一场应聘面试中，主考官面对十个应聘者提出了一个问题，你是否还会用正向思维给出一个答案呢？如此，正向思考的结果有两种可能：一种是答案合理但过于僵硬、刻板、毫无新意，另一种是运用正向思维且语言表达能力出众。这时，直接通过逆向思维另辟蹊径或许是最有胜算的选择，原因在于通过逆向思维给出的结果是非惯性的、非常规的、颠覆了传统认知的，会令人意想不到，并给人耳目一新的感觉。

三、正向思维与逆向思维的关系

人的思维都是按照一定的方向进行的，正向思维与逆向思维都是一种线性思维。在思考主体运用思维的过程中，两种思维方式或许会同时出现。需要指出的是，正向思维由于具有常规性和常见性，会单独出现，而逆向思维可能会伴随着正向思维同时出现。原因在于逆向思维是正向思维的相对概念，选择用逆向思维思考问题时，会先出现一个常规的正向思维，再去用与其不同的角度思考问题。

实践训练

一、正向思维训练

训练要求：在规定时间内完成下面的题目。逻辑清晰，内容完整，不仅要回答问题的表层信息，还要针对某一表象进行深入思考与剖析。每一个话题思考时间为 2 分钟，讲述时间为 3 分钟。

1. 请介绍你家乡的一个文化景点。
2. 请使用"虽然"和"但是"造句。
3. 关注近一周的时事热点，选取其中一个进行复述，并谈谈自己的看法。
4. 请用现在时态说出 5 个句子。
5. 将下面的语句进行扩充，让内容更加丰富具体。
（1）早起晨练后，我感到精力充沛。
（2）今天的思维语言课程让我学到很多。
（3）这件事只有退一步才能海阔天空。
（4）俗话说："一年之计在于春。"
（5）好的开始是成功的一半。
（6）太阳徐徐升起。
（7）外面下起了大雨。
（8）突然，外面传来了一声巨响。
（9）今天是中秋节。
（10）春节联欢晚会开始了。

二、逆向思维训练

训练要求：对下列成语、诗词、俗语中的传统思维方式做出否定的逆向论证，论证内容力求比原成语或俗语的意义更为深刻，更有积极的现实意义，切忌曲解原意和肤浅、表面化的表达内容，做到语言表达流畅，逻辑严谨，观点清晰。

1. 树大招风。
2. 朝三暮四。
3. 愚公移山。
4. 近水楼台先得月。
5. 天生我材必有用。
6. 近朱者赤，近墨者黑。
7. 无规矩，不成方圆。
8. 朝闻道，夕不甘死。
9. 早起的鸟儿有虫吃。
10. 人在屋檐下，不得不低头。

第三节　发散思维与聚敛思维

理论概要

一、发散思维

（一）发散思维的定义

发散思维也叫扩散思维、辐射思维、多向思维等，这是一种扩散状态的思维模式。发散思维是针对某一个思维对象，充分发挥想象力，从一个目标或起点出发，突破原有的知识圈层，能从不同角度、不同方向、不同关系中多方面、多层次、多角度寻求解决问题的方法，由一个对象扩散、辐射到多个领域、角度的一种思维方法。

（二）发散思维的特点

发散思维体现在思维的灵活性上，发散思维可以使人思路开阔、思考活跃、才思敏捷，能在短时间内提供大量解决问题的办法，能在传统办法无法解决问题时尝试用新办法解决问题，能根据不同场合、地点随机应变。发散思维主要特征如下：

1. 流畅性

流畅性强调的是思维的迅速、畅通无阻。针对某一个问题，在短时间内做出尽可能多的思考并提出多种解决办法是发散思维流畅性的具体展现。思维的流畅性是衡量发散思维的一个重要指标。[①] 思维流畅性不足的语言表达者在面对问题时思考迟钝、缺乏联想，解决问题墨守成规、钻牛角尖，难以突破和创新。

2. 变通性

变通性是指发散思维的灵活性，是随机应变的能力。思维变通性强的人能够不受传统思想、习惯和办法的束缚，跳出思维定式，从新的角度进行思考，有效提高思考效率。

3. 独创性

独创性是发散思维的最高目标，是指人们在发散思维中做出不同寻常的异于他人的新奇反应的能力。在进行发散思维的过程中，可以根据个人特长、风格等影响因素产生独到的、异于他人的思维，勇于创新，打通从未开展过的思维路径，寻求思维结果的新颖性和独特性。

4. 多感官性

感知觉是调动大脑运转、产生思维的重要因素。在进行发散性思考时，人们不仅要运用视觉和听觉调动思维，也应充分利用其他感官接收信息并进行加工。例如，看到一个苹果，不仅通过视觉看到其形状、颜色、质地等，也能联想到其清香的气味、甘甜的汁水，还可以拓展到通过网络直播销售实现乡村振兴的美好愿景。人们通过全面调动感官信息，打通不同感官之间的通道产生新的思维。发散思维还与情感有密切关系，主持人如果能够想办法激发兴趣，把信息感性化，赋予信息以感情色彩，会提高发散思维的速度与效果。

---

① 林玉佳：《主持人思维与口语能力训练》，重庆：西南师范大学出版社，2018年版，第8页。

5. 跳跃性

发散思维的跳跃性是指在发散思维的过程中，不一定要按部就班、循规蹈矩地思考问题。许多灵感的激发并非遵循逻辑推理，因此，在发散思维中不需要讲清楚由一个方面联想到另一个方面的具体原因和过程，而是从感知觉和对客观世界的理性认知中交错跳跃、多维联想，有时能通过"灵光一闪"的顿悟获得灵感。发散思维的跳跃性能够根据思维主体的个性特点、价值取向等因素带来更多创新思考。

（三）发散思维的培养

1. 拓宽知识领域

发散思维是建立在理性认知的基础上的，类似即兴表达中的"语库"。语库储备越充足，可供调取的语料就越丰富，知识覆盖面越广，发散联想的过程就会越迅速、越流畅。倘若知识储备匮乏，方法掌握得再好，也是"巧妇难为无米之炊"，如同无源之水。发散思维讲求跨领域、跨学科进行联想，因此想要提高发散思维的质量，必须有意识地多读书、多积累，拓宽认知领域。

2. 加强联想训练

联想是思维发散的有效途径。在具备丰富知识的前提下，需要通过训练帮助思维发散过程流畅运行。例如，从一个物品联想到外形、特点、来源等方面，再联想到更深层次的历史角度、社会角度、象征意义等方面，进一步可以跨领域联想到和该物品具有共性的物品或事件。由表及里、由浅入深，从深度、广度、跨领域等多方面进行联想，不仅能提升思维的质量，也能提升话语表达的质感和艺术感。

3. 转变思维方式

在语言实践过程中，主持人要学会从更宏观角度进行思考，将遇到的问题和其他领域进行联系，找到相似或相异之处，根据具体的场景和要求，用熟悉的、便于理解的方式类比说明晦涩艰深的问题，这样不仅提高了表达效率，也能让受众的思维随着表达者的语言活动感受那些不熟悉甚至不感兴趣的信息。因此，转变思维方式将帮助主持人更加流畅、自然地发散思考。

二、聚敛思维

（一）聚敛思维的定义

聚敛思维也叫集中思维、辐合思维、求同思维，是以集中思维为特点的逻辑思维，是从问题的众多答案中确定一个最佳答案的思维过程。具体地说，聚敛思维以目标为指向，在大量发散思维材料的基础上，通过分析、比较、判断，选择最有价值的设想，好比在四通八达的交叉路口设法找到一条通向目的地的最佳路线一样。[①]

（二）聚敛思维的特点

聚敛思维与发散思维不同，发散思维总是思考如何跳出原有知识圈层，寻求新办法、新途径、新领域，而聚敛思维则是根据已有的知识经验，以掌握的大量信息为基础，顺着一个方向思考得出一个较好的结论。发散思维要求对一个问题多角度、多方面进行思考，探寻多种可能，尝试用不同办法探究答案，聚敛思维则关注的是对某一问题具体应怎样解决，用什么样的步骤解决，以解决问题为最高目标。聚敛思维的特点主要体现在以下四个方面。

1. 指向性

聚敛思维具有明确的指向性，是以目标为导向进行的。因此，在思考问题或进行表达之前，要明确我们想要达到怎样的效果，传播怎样的信息。只有明确了目标，聚敛思维才能进行下去。

2. 同一性

聚敛思维是一种求同性的思维，侧重于探究事物的同一性，把握事物存在与发展的多样性统一，达到对事物内在共同属性及规律的认识。聚敛思维的同一性体现在从已有的知识经验或认知体验中寻求解决问题的答案。

3. 程序性

聚敛思维本质上是一种逻辑思维，在聚敛思考的过程中，由于它总是从同

① 吴郁：《主持人思维与语言能力训练路径（修订版）》，北京：中国广播影视出版社，2013年版，第36页。

一个方面思考问题，因此对思考过程赋予了严格的程序。面对一个问题，解决时怎样做，先做什么后做什么，等等，这些环节环环相扣，使问题的解决遵循一定流程，有章可循。

4. 比较性

聚敛思维的比较性指以一个目标为归宿，在现有的几种途径、方案、措施中进行比较，寻求一个比较合适的途径、方案、措施。比较性也体现出一定的批判性，在聚敛思考的过程中，带着批判的态度看问题，能够客观、全面比较不同办法的可行性，通过批判不断否定、淘汰，最终确定一个解决问题的办法，筛选最佳方案。

三、发散思维与聚敛思维的关系

发散思维求"量"，聚敛思维求"质"。发散思维属于"放"，寻求更多创新成果；聚敛思维属于"收"，尝试得到最佳方案。事实上，单独使用其中一种思维在大部分情况下无法解决问题，因为二者有各自的缺点。如果只有发散而缺少聚合的过程，思维便不能统一，会产生思维混乱；如果只有聚敛而缺少发散的过程，则很容易钻牛角尖，让思维陷入停滞。因此，发散思维和聚敛思维相互补充，相辅相成，二者是辩证统一的。

在实际的思考过程中，我们都是遵循"发散—聚敛—再发散—再聚敛"的思考过程，直到问题解决。在语言表达的过程中，主持人应将发散思维和聚敛思维进行结合。例如，围绕某主题进行表达，可通过发散思维选定表达侧重方面，再通过聚敛思维思考具体运用怎样的语序，选择怎样的语言进行表达。

四、实例分析

（一）第十届金鹰节颁奖现场

第十届金鹰节的颁奖现场设置了一个主持人抽取物品即兴说话的环节，现场有中央电视台主持人撒贝宁，浙江卫视主持人华少，湖南卫视主持人汪涵、何炅。他们要抽取不同盒子中的物品，根据物品联想词语"金鹰节"进行即兴阐述。几位主持人的表达充分展示了优秀主持人综合运用发散思维和聚敛思维的能力，即先通过物品进行发散联想，再根据表达目的和要求进行聚敛思考，这值得我们学习和品味。

1. 撒贝宁——鸭子

只有一句话，当它长大了，它就是一只金鹰。你别看它现在羽毛白一点儿，嘴巴扁一点儿，但是，它还会长大。现在是第十届，等到了第二十届的时候，这就是一只金鹰。

2. 何炅——筷子

每到金鹰节的时候，我们电视人都非常开心，像我见到朱军老师，一年可能一次或者两次，那金鹰节其实是可以把很多电视人聚集到一起。其实我们平时都在各自的平台，在各自的栏目为观众朋友服务，但是每年金鹰节的时候大家聚在一起就像一个大家庭。那我想呢，筷子一根是很容易折断的，但是一把筷子是非常坚韧的。我觉得中国电视人应该多多交流、多多融合。我觉得一个好的节目，我们不问出处，观众也不在乎哪个台的收视率比另一个更高。如果整个中国电视界更加团结的话，受益的是我们的观众，因为我们会有更加精彩的内容。把筷子送给第十届的中国金鹰电视艺术节！

3. 汪涵——空气

我在这一刻突然间想起一个人——曹植。曹植在遇到他人生最大危险的时候，七步成诗，但是结局没有改变。我在这个地方看到我要推荐的这个东西，七步，你别说给我七步，你给我七十步我有可能都说不出有关诗一样的语言，七百步有可能还可以，因为可以逃离演播厅，逃离尴尬。说到诗，还好前段时间我看了木心先生的一首诗，我觉得特别好，可以念出来缓解一下我这一刻的尴尬，诗是这样写的："树荫下，一壶酒，一块面包，一卷诗。你依偎着我歌唱，原野就变成了天堂。"这一刻，金鹰节，演播厅，一个奇葩的礼物，一个慌张的主持人。如果不用任何语言您就能够接受，那演播厅也就变成了天堂。我这个礼物是没有，我突然间想起《道德经》里面有这样的话："无名，天地之始；有名，万物之母。"十届金鹰节，我们有太多太多的骄傲，但是我们要把这个"有"紧紧地放在心里，这骄傲要放在心里。我们将面对着现在逐鹿中原一般的战场，大屏幕、小屏幕、新媒体、互联网。我们要把这有可能的"无"的危机时时地放在脑子里。所以，我要把这"无"送给所有我们的电视人，送给我们每一个金鹰节的参与者，要把这一份小小的危机放在心里。但是还好，我们场上有筷子。十年前我们一枝独秀，荡气回肠。十年之后，我觉得我们应该跟新媒体合作成为一双筷子，共同打造电视的盛宴，奉献给所有的观众。我觉得我们应该很好地去看待这个仙人掌，因为十年之前，我们的事业迎接着所有人的目光，我们像阔叶林一样恣意地成长，一排排、一行行。而十年之后的今天，我们放低自己的姿态，表示自己的谦虚，我们用浓烈的颜色告诉你们，我们依然是可以恣意地生长，我们用小小的尖刺告诉所有的人，所有说电视的将来有可能不会有希望的人，我们依然斗志昂扬！

（湖南卫视 2014 年 10 月 12 日）

（二）《新闻周刊》岩松热评

《新闻周刊》主持人白岩松在节目中经常对各类新闻进行短评，通过发散思维选择某个切入点进行评论，通过聚敛思维联系新闻事实内容，拓展了新闻宽度，挖掘新闻反映的本质问题。

岩松热评：放车进宫的人也该 "投案自首"

几年前，人们在新闻当中就已经看到，故宫里边的广场上，风可以进，雨可以进，游人也可以进，但汽车绝不可以进。即便是外国的总统也同样如此，你得步行进故宫。当这个禁令已经像常识一样被大家知晓的时候，突然冒出这么一个国航前空姐，居然开着大奔就进了故宫的广场，还发图炫耀。人们马上就感觉被冒犯了，这简直不是炫富而是炫权力啊。但在我看来，这属于典型的 "投案自首"，立即把自己和放她进来的人都暴露在了公众面前。如果说法律上的自首还可以宽大处理，这种炫耀式的自首想得到宽大处理就很难了，删了微博也不会管用。那谁把她放进来的，是不是也出来走两步 "投案自首" 一下？相信今后故宫会更加严格地管控车辆，所有不该进车的地方风可以进，雨可以进，游人也可以进，但是汽车和扭曲的权力与财富绝不可以进。

（中央电视台 2020 年 1 月 18 日）

（三）光明网《光明时评》

2024 年元旦以来，文化和旅游消费持续火热，"尔滨" 等地的旅游先后 "出圈"。文章从哈尔滨的旅游火爆拓展到其他省份的具体操作，最后进行 "热传播" 下的 "冷思考"。光明网的这篇评论条理清晰、逻辑严谨，将发散思维与聚敛思维结合使用。

当各地文旅局 "卷" 起来后

近一段时间，全国最具话题度的旅游城市，莫过于哈尔滨。也因哈尔滨在网络上热度不断攀升，全国各地文旅局及相关从业者正想方设法借助当前互联网对文旅关注的热度，以各种形式宣介本地旅游资源争取获客。

如果说哈尔滨成为热门旅游城市并频频冲上热搜多多少少带有偶然性，当前各个文旅局的出圈爆火则应归功于其新媒体传播抓住了旅客的关注点。媒体统计数据显示，1月9日开始，河南文旅官方账号"河南省文化和旅游厅"每天发布二三十条视频，连续四天发布了112条视频，持续展示本地的文旅资源，吸引了近百万新粉丝。

有河南文旅这样的高频操作，全国各地文旅部门也或主动或被动地开始参与到这波仍具热度的城市文旅宣传中。这像极了此前全国各地文旅局长们的"花式内卷"，彼时的事件核心同样是为了宣传和带动地方发展旅游经济。马上就是农历春节，春节黄金周历来是游客出行集中的重要时间节点，各地文旅局在现阶段加大宣传，以各种创意和奇思妙想吸引游客目光，确实能够影响到有出行意愿旅客的目的地规划选择。应该说，这种"卷"是行政主体主动贴合市场的积极姿态。无论何时，文旅部门都应该在做好本地旅游资源的宣传和推介的基础上，指导市场主体服务好旅客并满足旅客提出的合理要求，这也是他们的职责所在。

这样热闹的景象，定然会带来一波高量级的旅游收入。今年元旦假期，哈尔滨游客达304.79万人次，旅游收入达59.14亿元，均创历史新高。这样的成绩和旅游拉动的经济收入，没人不羡慕，也促成了全国各地文旅又一次在宣传推介上的大比拼。但得看到，哈尔滨旅游收入创历史新高，很大程度在于其本身文旅资源的底蕴。综合现有来自旅客等多方视角在网络上主动传播的视频内容来看，今年哈尔滨旅游经济发展仍旧主要基于其每年固定建设经营的冰雪大世界等，只不过在服务细节和城市文化、人文关怀上，做出了不小的改变和进步。

应该说，正是哈尔滨从细节着手提升了游客的体验，才带来了其旅游出圈爆火的结果。作为传统的冬季旅游目的地，哈尔滨自身并不缺乏旅游资源，也无需担心过多的投入带来市场供需上的失衡。在全国各地文旅局"卷"起来后，最应该关切的实际上是各地为了发展旅游经济，能否平衡好旅游投入产出比。在短视频等宣介上发力，成本固然小也能够取得更好的效果，但接待游客则需要实打实的基础设施投入。毕竟，我们不用担心冬季旅游城市哈尔滨在冬季旅游旺季结束后受到客流锐减的影响，但需要担心一些地方是否会在火爆之后进入"冷静发展阶段"。

（光明网 2024 年 1 月 16 日）

实践训练

一、连词成段训练

训练要求：根据下列词语提炼出一个主题进行表达。注意主题明确，体现出一定的内涵，切忌主题表达与现实不符；要符合逻辑，层次清晰，内容充实，故事生动，注意情节间的内在关联性。每题思考 3 分钟，表达 3 分钟。

1. 学校、游戏、人生。
2. 瓜子、手机、大海。
3. 风暴、电池、香烟。
4. 抄袭、病毒、战争。
5. 运动、感情、懦夫。
6. 停电、宠物、交通。
7. 袜子、艺术、新媒体。
8. 火锅、篮球、运动。
9. 中秋、蜡烛、背包。
10. 冰箱、运动、宇宙。
11. 苹果、哑铃、飞机。
12. 空气净化器、列车、沙漠。
13. 假期、教育、花瓶。
14. 传承、基因、旅游。
15. 自行车、电视、高铁。

二、话题表述训练

训练要求：运用发散思维和聚敛思维完成下面的题目。看到这些题目你能想到什么？可以根据"描述—联想—升华"的思维方式进行阐释，表述时可结合生活实例进行分析，逻辑严谨，表达流畅，能充分体现个人的表达特色。每题表达 3 分钟。

1. 低头族。
2. 国家荣誉。
3. 越来越淡的"年味儿"。
4. 劣迹艺人。
5. 野性消费。
6. 抑郁症。
7. 明星花钱买热搜。
8. 家长的过度保护。
9. 网络流行词汇。
10. 社交恐惧症。

三、访谈节目训练

训练要求：根据以下访谈对象，自拟节目名称，做一档访谈节目。注意访谈节目不是简单的一问一答，要通过一定的发散路径。流畅的访谈节目需要循序渐进，逐渐明确访谈主题。可以先构思节目主题，形成完整的节目策划，最后以小组形式进行访谈节目录制。

1. 高考失利、追悔莫及的李同学。
2. 代表省里出国参加专业足球训练的体校学生张同学。
3. 追星四十年的资深歌迷老杨。
4. 品学兼优但并不快乐的"别人家的孩子"王同学。
5. 筹办宠物收容所的钱阿姨。
6. 产房外等候的年轻爸爸小陈。
7. 清晨公园里锻炼的王大爷。
8. 深夜出车的网约车司机李师傅。
9. 执着追梦、生活困难的小李。
10. "外卖小哥"小王。

四、故事续编训练

训练要求：按要求完成下面的故事续编。根据故事的开头和故事类型将故事情节补充完整，并赋予故事合理的结尾，体现出主旨和中心思想。展开想象，注意灵活运用发散思维和聚敛思维，抓住表达重点。

1. "天空突然间乌云密布，下起了瓢泼大雨。"（武侠故事）

2. "门铃响了起来，小王从睡梦中惊醒。"（爱情故事）

3. "天热极了，太阳炙烤着地面。"（冒险故事）

4. "万圣节晚上的欢乐谷热闹极了，今年推出的新活动吸引了无数游客。"（恐怖故事）

5. "平静的小镇上突然出现了一位谁也没有见过的人。"（超级英雄故事）

6. "他打开保险柜，机密文件竟然不翼而飞。"（侦探故事）

7. "很久很久以前，在一座城堡里，住着一对年迈的夫妇。"（恐怖故事）

8. "五百年后，地球环境恶化，人们生存越来越艰难。"（科幻故事）

9. "有一个灯泡，它能发出耀眼的光芒，但一直在一户人家的柴房里工作。"（童话故事）

10. "从前有一个贫民窟里的小男孩，他很喜欢踢足球，他梦想成为世界上最伟大的足球运动员。"（励志故事）

第四节　应变思维

理论概要

一、应变思维及其分类

应变思维是一种从客观实际出发，根据时间、地点、人物、事件的变化，通过正确判断、科学分析，及时巧妙地处置各种复杂变化情况的思维方法。[①]
我们常说的"随机应变""灵机一动"，就是应变思维的体现。在主持人的工作
实践场景中，我们可以把应变思维的情况分为以下两类。

（一）被动应变

被动应变是指在毫无准备或准备不充分的情况下，面对突然发生的意外情
况进行从容应对、灵活处理。例如，汪涵在《我是歌手》第三季总决赛中面对
孙楠退赛的救场被认为是教科书般的被动应变的典范。被动应变处理得当能够
化险为夷、转危为安，还能够化被动为主动，彰显主持人的专业能力和个人
魅力。

（二）主动应变

主动应变也叫主动求变，是指在实践过程中捕捉到了新的信息，在思维活
动高度兴奋的状态下，在原有的计划基础上进行改变或深化的应变手段。成功
的主动应变能够迅速调动受众的积极性，拉近与受众的距离，提升传播效果。
反之，如果主动应变只是为了"抖包袱""说俏皮话"，则会适得其反。

二、应变思维的条件

应变思维虽说简单看上去像临场的反应能力，但实际上是大脑、身体、经
验、知识等多种因素综合发生作用的产物，因此，应变思维的展现需具备一定
的先决条件。

（一）良好的身心状态

良好的身心状态包括生理状态和心理状态两个方面。科学研究表明，大脑
的供氧系统对人脑的思维活动起着重要的保证作用。因此，充足的休息、良好
的精神状态是保证良好生理状态的重要前提，会直接影响大脑的运转速度。如
果人在进行应变思维的前一晚缺乏睡眠，思维活动就会受到影响，进而可能产

---

① 吴郁：《主持人思维与语言能力训练路径（修订版）》，北京：中国广播影视出版社，2013 年
版，第 110 页。

生"言语知觉迟钝"现象。从心理层面看，心理承受能力强的人一般能够更加从容地面对突发情况，心理承受能力相对脆弱的人容易在面对突发情况时产生紧张情绪，无法发挥出正常的思维和表达能力。由此可见，良好的身心状态是保障应变思维流畅运行的关键。

（二）出众的专业素养

在具体的应变过程中，主持人应具备出众的专业素养，包括政治素养、文化素养、专业背景、表达技巧等。特别在进行毫无准备的即兴表达时，人们容易因为环境、情绪等多方因素而不知所云。高质量的即兴表达能够准确地表情达意，将所想转化为所言。表达能力的提升来源于日常生活的丰富积累，主持人在生活中要多表达、多思考，打磨自己的表达能力和技巧。

（三）丰厚的文化底蕴和知识储备

主持人言之有物、言之有理，不仅需要扎实的专业能力，也需要大量的知识积累和丰厚的文化底蕴，这些因素是展现主持人的应变思维最重要的原料和动力源泉。遇到需要运用应变思维的场合时，主持人良好的心理素质和出色的业务能力只是表达的地基，还需要通过足够的文化积淀和丰富的知识推动思维能力拓展。

三、应变思维的特点

（一）针对性

应变思维的针对性可以分为广义和狭义两种类型。狭义的针对性是指对于突发事件本身和相关因素、话题进行有针对地应变，就事论事；广义的针对性与普遍性相对，前文中提到正向思维与逆向思维具有普遍性，这两种思维呈线性模式，运用场景也更加广泛，而应变思维所适用的场景多为突发性场景，因此具有小范围的针对性。

（二）开放性

应变思维的开放性可以从两个方面理解。一方面是开放积极的思维状态和创作理念。一般在节目或表达活动开始前，主持人会通过前期准备、打腹稿等方式确定一个预案，按照设定的流程和模式流利从容地完成表达。但是，如果仅仅满足于按照预案完成任务，长此以往会使思维的活跃度下降，表达内容和模式也会变得保守和封闭。因此，主持人要在预案的指导和保障下，保持大脑的活跃，充满创作的欲望，结合实际情况及时地调整表达内容和交流模式，以开放性的思维状态进行表达，才会使语言活动充满生命力。另一方面是开放的思维模式。应变思维不拘泥于遵循某种固定的思维套路，能够灵活运用已掌握的思维模式完成应变，这就更加体现了熟练掌握多种思维模式之于应变思维的重要性。

（三）简约性

应变思维主要是根据随时变化的情况进行应对的思维方式。需要明确的是，应变的目的是让突发状况顺利过渡，不影响整体的进程或效果，而不是让突发情况成为人们关注的重点。应变思维的语言展现应为"少而精""一笔带过"，既能解决问题，又能使突发情况不易被人察觉或仅仅停留在"小插曲"的层面，切不可为了缓解尴尬反复解释、刻意找补，这样只会扩大突发情况带来的影响。

四、实例分析

（一）中央电视台《开讲了》

青年提问："当我在网上搜索过气歌手的时候，它的相关链接里面就会出现张信哲。我先问一下，我提'过气'这两个字的时候，你内心会不会突然被抓了一下？"

张信哲："不会。我不是常笑我自己就是那个老学究或是那个怪老头？我觉得音乐圈，当你知道这个整个模式之后，你就会发现其实演艺圈、娱乐圈基本上一直在求新鲜。说实在的，你如果说我过气，其实这个我还蛮接受的，因为我在这个圈子已经这么久了，已经快……还是不要讲好了，反正超过二十几年。"

…………

张信哲："对，我觉得这个部分我可以接受。但是当然过气歌手'过气'这两个字，基本上听起来谁都不舒服，所以能不讲最好不要讲。"

撒贝宁："就像你现在非要让乔丹回到篮球场去跟现在的二十多岁的小伙子去拼 NBA 的总冠军，不科学。但是这不影响乔丹永远是 NBA 的'神'。所以我觉得'过气'可以说是形容一个时间状态，但它并不意味着一个歌手被歌迷抛弃。恰恰相反，一个歌手如果能够在他几十年的唱歌生涯里始终被他的歌迷记住。当然这批歌迷因为长大了、成熟了，这批歌迷可能不会再像现在的"90 后"和"00 后"的孩子，天天那样刷微博来支持他，但是他在这些人的心里比在微博上更重要。"

（中央电视台 2015 年 7 月 18 日）

（二）《我是歌手》第三季决赛

湖南卫视的《我是歌手》第三季比赛在宣布名次时，孙楠突然提出要退出比赛，认为自己走到这一步已经非常满足了，想要把后面更多的机会和舞台留给剩下的参赛歌手。突如其来的情况让在场的导播、观众、参赛歌手都目瞪口呆。镜头一直在汪涵身上，他虽然也对此感到意外，但还是通过应变能力挽救了现场的突发状况。

汪涵："我现在说话楠哥应该可以听到吧？楠哥，我特别想问一下，刚才您说的每一句话都是您此时此刻内心的所想所感，都是您自己拿定主意之后的观点？"

孙楠："是的，是我内心的真实感触。因为我来到《我是歌手》这个舞台，给我的东西比我想象得还要多。我很开心，我觉得我已经可以了，我已经够了，特别是我的伙伴们，我的弟弟妹妹们，他们都特别特别的优秀。我觉得，他们应该有机会拿更好的成绩。加油，真的，谢谢。"

汪涵："哦好，是这样吧，既然我是这个舞台的节目主持人，那接下来就由我来掌控一下。首先我要请导播抓紧时间给我准备一个三分钟到五分钟的广告时间，谢谢，我待会儿要用。接下来我要说的这段话有可能只代表我的个人观点，而不代表湖南卫视的立场。我从 21 岁进入湖南广电，所以我觉得自己身上的很多优点跟缺点似乎都打下了湖南广电的很多烙印，包括所谓没事儿不惹事儿，事儿来了也不要怕事儿。对于一个节目主持人，在这么大一场直播当中，一个顶尖级的歌手，一个顶梁柱一样的歌手，突然间宣布退出接下来的比赛，我想应该是摊上事儿了，甚至是摊上大事儿了。但是说实话我的内心一点也不害怕，因为一个成功的节目有两个密不可分的主体，除了这个舞台上的七位歌手还有电视机前的亿万观众和现场的这么多观众。我之所以不害怕是因为你们还真诚地、踏踏实实地坐在我的面前。我还可以从各位期待的眼神当中读到你们对接下来每一位要上场的歌手，他们即将演唱歌曲的那一份期许，我还可以从各位的姿态当中感受到你们内心的那种力量。这个力量足够给楠哥、红姐，给 The One，给李健，给维维，给黄丽玲，给彦斌，已经准备好了会有千万的掌声要送给他们，楠哥不信，你听。这是我要说的第一层意思。

第二层意思我想表达的是，我虽然不同意楠哥的一些观点，但是我誓死地捍卫您说话的权利。所以我有话筒，听到那一段的时候我并没有试图打断您要说的话，虽然我可以这么做。其实每一位歌手来到这个舞台，他都有权利选择我来或者不来，当然您也有权利选择在您认为是对的时刻，依着自己认为对的那个心情做出你要离开的这个决定，所以我相信我们应该尊重一个成熟男人在这一刻做出的决定。当然我们在这里要提出一个希望和请求，就是希望您以一个观众的身份继续坐在这个地方，来看你最爱的弟弟妹妹们向歌王的舞台进军。我也相信现场的 500 位大众评审已经做好了准备，用掌声来接纳这位不期而至的观众，不信，你听。

接下来，对于我个人而言，一个主持人，我在台上不可能有这么快的反应速度，也不可能有这么大的权力来重新调整接下来因为楠哥的退出而要改变的比赛的规则，因为有一个歌手要退出，所以比赛规则都要做相应的改变，所以有请导播在这一刻给我放三分钟到五分钟的广告，我要跟我们的制作团队、跟我们的领导一起商量怎么来进行节目上和赛制上的相应的调整。各位亲爱的观众朋友，真的千万不要走开，还是那句话，真正精彩的时候或许会从广告之后再开始，马上回来。"

（湖南卫视 2015 年 3 月 27 日）

实践训练

一、主持应变训练

训练要求：运用应变思维，根据具体语境，完成下列训练。注意应变思维的目的始终是要解决问题、自圆其说，切忌为了所谓"高大上"的救场过度自我展示。

1. 2020 年 9 月 26 日宁夏中卫芒果音乐节上，歌手黄玲因舞台地板断裂摔伤。当时主持人的处理被网友纷纷指责不专业、临场应变能力差。假设你是当天的主持人，在黄玲摔倒后，你如何应对？

2. 在第六届北京国际电影节闭幕现场，作为颁奖嘉宾的梁咏琪在现场的冰舞台上突然摔倒。假设你是主持人张斌，你会如何应对？

3. 假如你是春节联欢晚会的主持人，下面的环节是阅读手卡上来自全球各地对中国人民的新年祝福，这时你发现导播给你的手卡是空白的。现场直播情况下，你会如何说？

4. 在某档综艺节目中，嘉宾在表演时由于伴奏出问题，产生了紧张的情绪导致表演失误。作为主持人，你将如何化解？

5. 在主持晚会的过程中，你的搭档接连忘词，你怎么办？

6. 在一次现场主持中，一位粉丝突然冲上台向台上的女明星求婚，作为主持人，你将如何化解？

7. 你和你的好朋友去参加面试，考官要求你说出好朋友的缺点，你会如何说？

8. 在一次颁奖典礼上，一位影星因自己没有站在中心位置而拒绝合影，你如何应对？

9. 在一次露天晚会中，突然下起瓢泼大雨，现场的灯光出现故障，顿时一片漆黑，场面开始混乱，你作为主持人如何应对？

10. 在一场"好记者讲好故事"的演讲竞赛中，由于计分器出现问题，最终分数及获奖名单需要延迟 3 分钟才能公布。作为主持人，你将如何救场？

二、主题串词接龙

训练要求：2~5 人为一组，运用应变思维完成下面的题目。要围绕题目中的主题进行串词接龙。组内成员必须针对所给出的主题进行观点表述，同时前一位说的最后一个字是下一位所说的第一个字，允许同音不同字，但不能离题。

1. "内卷"是一种生活态度。

2. 越幸福越知足。

3. 可怜之人必有可恨之处。

4. 糊涂是福。

5. 不是不报，时候未到。

6. 尊重是赢得的。

7. 爱自己才能爱别人。

8. 玩物丧志。

9. 棍棒底下出孝子。

10. 人性本善。

第五节　六顶帽思维

理论概要

前面提到的几种思维模式，能够相对直观地对我们的表达起到指导作用。本节中介绍的"六顶帽"思维模式，则从更加宏观的角度影响我们解决问题的思维模式和表达习惯。

一、"六顶帽"思维简介

"六顶帽"思维由英国心理学家爱德华·德博诺提出，这是一种高效有力、方便易用的思维方法。它的核心概念非常简单，只允许思考者同一时间做一件事情。这样，思考者就可以准确区分情感、逻辑、创意和信息等，每次只戴其中的一顶帽子就意味着采纳某一种特定的思考类型。

有了六顶帽这一思维方法，我们就能像指挥家指挥乐队一样指导自己的思考，从而实现自己的意愿。六顶不同颜色的帽子分别代表着不同功能的思考，它们分别是：

蓝帽：控制和整理思考过程，负责使其他帽子有条理地行使职责。蓝帽在思考过程中把控全局，角色类似于一档节目中的主持人。

白帽：白色是中立客观的颜色。因此，白帽代表客观事实与数据。戴上白帽思考时，我们应该考虑到已知信息和客观情况等因素。

绿帽：绿色象征着活力和生机，代表创造性和新办法。尽可能想到多种解决办法和创新思考是绿帽的职责。

黄帽：黄色象征着乐观积极。黄帽思考评估解决办法的优点，代表正向、肯定的思考。

黑帽：黑色象征着否定、严肃和谨慎。黑帽与黄帽相反，总是在评估缺点，代表质疑、负面的思考。

红帽：思考时，我们往往会涉及情感的因素。愤怒、冲动等情绪都是红帽思考介入的产物。有时头脑发热、一时兴起的做法，大多是因为红帽思考占据了主导地位。

二、"六顶帽"思维的运用和意义

"六顶帽"思维的基本使用方法有两种。

一是单独使用，此时，六顶帽被用作象征符号，我们在解决问题的相应方面时带上对应颜色的帽子，进行特定的思考。例如，表达时我们是基于怎样的事实进行输出？这时我们需要戴上白帽围绕客观依据进行思考。几种表达方式都能够达到目标，到底使用哪一种？此时需要戴上红帽让情感介入进行选择。思考表达中存在哪些漏洞？此时我们可以使用黑帽进行思考等。在单独使用其中某一顶帽子思考时，更像一种查漏补缺的手段，帮助我们完善自己把握不大或存在疑虑的部分。

二是在探索主题或解决问题时，按照某种序列，根据需要相继使用不同颜色的帽子。在面对较为复杂和陌生的问题时，我们采用这种方式。这时，蓝帽作为"主持人"，安排特定的帽子进行特定的思考，能够清晰地梳理问题脉络，通过重复思考、层层递进，最终解决问题。此时"六顶帽"思维能够作为一套独立的思考模型，大大提高解决问题的效率。例如，在围绕"如何改善播音与主持艺术专业学生对口就业现状"话题进行表达时，我们的思考过程可以是这样的：

蓝帽：要想解决这个问题，首先要了解事实情况，我们首先请白帽发言。

白帽：目前，播音与主持艺术专业的学生对口就业现状是……存在这样的问题原因在于……

蓝帽：针对这样的情况和问题，请绿帽提出能够解决这些问题的办法。

绿帽：办法有……

蓝帽：请黄帽和黑帽对上述办法进行利弊分析。

黄帽：针对绿帽提出的改善办法，第一个办法的优点是……第二个办法的优点是……第三个办法的优点是……

黑帽：针对绿帽提出的办法，存在以下弊端和隐患……

蓝帽：那么请红帽通过情感和直觉等因素进行判断。

红帽：根据直觉和感受，对各种办法进行判断，顺序依次排列如下……

蓝帽：由此我们可以针对此话题进行总结，要想改善播音与主持艺术专业学生的对口就业现状，我们应……

需要说明的是，不是所有的问题都需要借助"六顶帽"思维解决的，可以将它作为形式化的手段，要求思考者进行某种类型的思考。"六顶帽"思维会随着熟练程度的加深逐渐运用自如，缩短思考时间，这样遇到问题就可以自然而然地解决了。

思维最大的问题在于混乱，"六顶帽"思维很好地解决了这个问题，让思考者能够有条理、有章法地进行思考，也能够在思考出现问题时追根溯源，反思是哪一个环节出现了问题。同时，"六顶帽"思维也能够帮助人在陷入某一方面思考时进行自我提示，摘下某顶帽子，带上另一顶帽子进行思考。

三、"六顶帽"思维与语言表达

当我们围绕某个话题进行表达时，展现出来的一般是经过组织后最终呈现的语言成果而非组织语言的过程。这时我们其实在以蓝帽身份进行语言活动，表达内容则来源于其他几顶不同颜色帽子的思考结果。在进行语言表达时，我们既可以运用"六顶帽"思维对表达内容进行选择，也可以对表达时的遣词造句进行取舍，以实现更好的传播效果。

在表达时运用"六顶帽"思维事实上对思考速度提出了很高的要求，如果熟练掌握了"六顶帽"思维并形成有条理的思考习惯，就能更快速、清晰地完成表达的准备。同时，对客观事实认识越全面、解决方法越多样灵活、判断越准确，也能在一定程度上让思考路径更加通畅，组织语言的时间也就相应缩短了。可以说，运用"六顶帽"思维不仅能提高我们的思考能力和表达能力，也能多方位提升我们的综合素质。

实践训练

一、主题表达训练

训练要求：思考下面的问题，分别从"六顶帽"思维的不同角度，多个途径解决问题，最后以个人为单位进行一段完整的表达。表达时间为5分钟。

1. 如何维系一段健康的爱情、亲情、友情关系？

2. 如何在当今社会实现自己的价值？

3. 短视频异常火爆，播音与主持艺术专业学生在短视频传播中如何扬长避短？

4. 如何有效提升自己的学习成绩？

5. 如何打造属于自己的语言风格？

二、团队思考表达训练

训练要求：以小组为单位，每人担任不同颜色的"帽子"角色，通过讨论解决问题，最后由担任蓝帽的成员汇总表达。要注意的是，每位成员要始终致力于解决自己所戴帽子需要考虑的问题。每组时长5分钟。

1. 如何解决艺人失德问题？

2. 播音与主持艺术专业未来该如何发展？

3. 科技迅速发展，AI智能开始出现在多种生活场景中，对此谈谈你的看法。

4. 传统媒体该如何改革以应对新兴媒体的冲击？

5. 社会越来越"卷"，我们该如何提升自己的竞争力？

本章思考题

1. 如何理解思维与语言的关系？

2. 如何培养逆向思维？

3. 发散思维和聚敛思维是什么关系？在实践中如何灵活运用？

4. 应变思维和话术套路有什么区别？如何体现出这些区别？

5. 训练思维仅仅是为了提高语言能力吗？为什么？

6. 主持人应该如何提升自己的思维能力？

拓展阅读

央视网｜《开讲啦》

央视网｜《典籍里的中国》

第三章 描述与复述

本章要点

1. 熟悉口头描述的概念及基本要领。
2. 熟悉复述的概念及要点。
3. 详细掌握不同复述类型的基本技巧。
4. 熟练运用复述技巧完成详细复述、概要复述、扩展复述、变式复述。

第一节 口头描述

理论概要

一、口头描述的概念及特点

口头描述是通过观察，将人物、事物、景物或事件的特点、特征、过程、细节，运用语言描绘出来的一种口语表达方式。口头描述是"看—想—说"的思维与表达过程，具有直观性、具体性、形象性等特点。

二、口头描述的基本要领

观察是描述的基础和起点。观察能力对主持人而言是非常重要的，现场报道时对现场环境的介绍，天气预报时对图表的分析，新闻评论时对新闻事件的观察，这些都是主持人进行口头描述的基础。

描述时还要注意以下几方面：

（一）提升感受力

感受包括形象感受和逻辑感受。在观察人物、事物、景物时，如果不能感同身受就不能深入了解观察对象。在练习描述时，要不断提升形象感受和逻辑感受的能力，特别是形象感受能力能够使人对观察对象产生感知，让人的嗅觉、味觉、知觉、视觉、运动觉、空间觉、时间觉处于积极的状态，通过各种感觉的相互作用、相互渗透、相互补充，引发感情，从而更好地对观察的事物有更深入的了解。

（二）细致、深入观察

观察时要做到多视角、全方位、宽领域，描述时可以采取从高到低、由远及近、由表及里等顺序对事物进行描述。描述时还要注意处理好整体和局部的关系，切忌将部分画面的描绘与整体分割开，要透过现象看本质。例如，在观察人物时，能通过人物的服饰、表情、动作等细节发现人物的内心世界。同时要具备镜头感，借助远景、全景、中景、近景、特写等构图技巧，对事物进行描绘。

（三）做到特点突出，形神兼备

要细致地、充满热情地观察周围的人物、社会与自然，用心感受世界、感知世界。明确描述的目的，从表达主题、人物刻画、气氛渲染等方面着手，善于对描述对象的本质特征加以刻画。做到形神兼备，"形似"与"神似"的统一，既能生动形象地揭示描述对象的外在状态，又能深入描述对象内在的底蕴和特色。

实践训练

一、基础口头描述训练

训练提示：按照要求完成下面的题目。描述时注意按照一定的规律进行，注意时间或者空间的变化。同时注意对细节的深入挖掘，能够透过现象看本质，通过描述对表达内容进行升华。

1. 描述一下"国"这个字。

2. 描述一下"蜀"这个字。

3. 描述一下"爱"这个字。

4. 描述一下你所在城市的春天的特点。

5. 描述一下你家乡最著名的旅游景点。

6. 任意选择一张剪纸，对其进行描述。

7. 选择你最喜欢的一幅画，对其进行描述。

8. 选择你最喜欢的一类舞蹈，对其进行描述。

9. 查阅相关资料，任选一件三星堆遗址出土的文物，对其进行描述。

10. 查阅相关资料，任选一件中国古代玉器，对其进行描述。

二、命题描述训练

训练提示：按要求完成下面的命题描述训练。在观察的基础上，通过合理的想象，有条理地组织内部语言。描述语言要真实贴切、分寸得当，不得随意渲染夸张，不得违背生活真实。

1. 校园的早晨。

2. 富饶的田野。

3. 寒冷的冬天。

4. 奥运会开幕式。

5. 丰富的年夜饭。

6. 城市的霓虹灯。

7. 璀璨夺目的烟花。

8. 难忘的历史画面。

9. 一次难忘的旅行。

10. 一场精彩的球赛。

三、限定性口头描述训练

训练要求：按要求完成下面的题目。描述时注意题目中的限定性要求，尽可能多地调动语料库，丰富描述效果，描述语言要符合客观规律，切忌脱离实际。

1. 描述你最喜欢的一种花，描述时至少运用 10 个成语。

2. 描述一道你家乡的美食，描述时至少使用 3 句诗词。

3. 描述一种舞蹈类型，描述时至少使用 4 句诗词。

4. 描述一个节气，描述时至少使用 5 个成语。

5. 描述一下夏天的炎热或冬天的寒冷，描述时至少使用 2 句诗词。

6. 描述你最喜欢的一种水果，描述时至少使用 5 个 "ABB" 式的词语。

7. 描述你最喜欢的一种运动，描述时至少使用 5 个 "AABB" 式的词语。

8. 描述一下此时此刻你的心情，描述时至少使用 4 个成语和 2 句诗词。

9. 查阅相关资料，对比描述一下南方建筑和北方建筑的差异，描述时至少使用 5 个成语和 2 句诗句。

10. 查阅相关资料，对比描述一下南方饮食和北方饮食的差异，描述时至少使用 5 个成语和 2 句诗句。

四、新闻图表描述训练

训练提示：阅读下面的图表并进行描述训练。描述前可以查阅相关资料，了解事件的背景信息。描述时要语言简练，能够充分表达图表中的有效信息，内容具体，做到具体问题具体分析，切忌脱离实际。

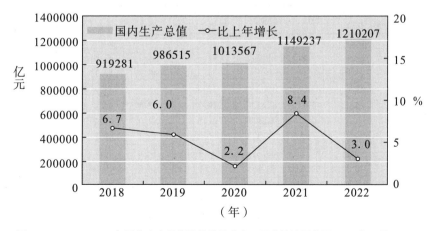

图 3-1　2018—2022 年国内生产总值及其增长速度（国家统计局官网 2023 年 2 月 28 日）

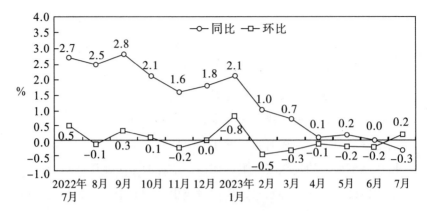

图 3-2　全国居民消费价格涨跌幅（国家统计局官网 2023 年 8 月 9 日）

第一产业　投资同比增长50.2%

两年平均增长13.6%

第二产业　投资同比增长10.5%

两年平均增长7.1%

第三产业　投资同比增长17.0%

两年平均增长13.4%

图 3-3　2021 上半年吉林经济运行数据（吉林广播电视台 2021 年 7 月 22 日）

表 3-1　中国制造业 PMI 其他相关指标情况（国家统计局 2023 年 7 月 31 日）

单位:%

时间	新出口订单	进口	采购量	主要原材料购进价格	出厂价格	产成品库存	在手订单	生产经营活动预期
2022 年 7 月	47.4	46.9	48.9	40.4	40.1	48.0	42.6	52.0
2022 年 8 月	48.1	47.8	49.2	44.3	44.5	45.2	43.1	52.3
2022 年 9 月	47.0	48.1	50.2	51.3	47.1	47.3	44.1	53.4
2022 年 10 月	47.6	47.9	49.3	53.3	48.7	48.0	43.9	52.6
2022 年 11 月	46.7	47.1	47.1	50.7	47.4	48.1	43.4	48.9
2022 年 12 月	44.2	43.7	44.9	51.6	49.0	46.6	43.1	51.9
2023 年 1 月	46.1	46.7	50.4	52.2	48.7	47.2	44.5	55.6
2023 年 2 月	52.4	51.3	53.5	54.4	51.2	50.6	49.3	57.5
2023 年 3 月	50.4	50.9	53.5	50.9	48.6	49.5	48.9	55.5
2023 年 4 月	47.6	48.9	49.1	44.9	49.4	46.8	54.7	
2023 年 5 月	47.2	48.6	49.0	40.8	41.6	48.9	46.1	54.1
2023 年 6 月	46.4	47.0	48.9	45.0	43.9	46.1	45.2	53.4
2023 年 7 月	46.3	46.8	49.5	52.4	48.6	46.3	45.4	55.1

表 3-2 8 月 11 日 12 时至 8 月 12 日 12 时（UTC）全球主要旅游城市天气预报
（中央气象台 2023 年 8 月 11 日）

序号	城市	气温	天气
1	纽约	20～32℃	多云
2	伦敦	15～24℃	小雨转多云
3	巴黎	17～29℃	小雨
4	温哥华	16～22℃	多云转阴
5	新加坡	28～32℃	小雨
6	东京	24～33℃	晴转小雨
7	悉尼	9～21℃	晴
8	里约热内卢	20～30℃	晴
9	约翰内斯堡	4～17℃	多云转晴

第二节 详细复述

理论概要

　　口头复述是把听到的、看到的语言信息经过理解、加工，然后将记忆的信息内容转换为口头语言表述出来的过程。复述要求忠于原始材料，不得歪曲、调换主要内容、观点、情节，但它又不同于机械背诵，是建立在理解的基础上的，经过详略的处理，突出重点，对语言重新加以组织，基本上用自己的话转述材料的内容。[①] 简言之，复述就是把看到或听到的材料重新讲述一遍的口语表达技能。复述的材料包括新闻、说明文、议论文、故事、散文等。复述可以分为详细复述、概要复述、扩展复述、变式复述。

---

① 张颂：《中国播音学》，北京：中国传媒大学出版社，2003 年版，第 313 页。

一、详细复述的概念

详细复述指的是详细复述原始材料，严格忠于原始材料的内容，包括原始材料的顺序、结构、情节、细节等。详细复述的要领是适当对原始材料中的句子进行调整，将书面语转换为口语、复杂句转换为简单句、长句转换为短句。

二、详细复述的要点

第一，认真阅读文章内容，在正确理解文章内容的基础上，抓住文章的主要内容和中心思想。只有准确把握文章结构，了解文章的写作思路和段落结构，复述时才会有条理。

第二，抓住重点词汇，通过确定文章的重点词汇形成口头复述的"路标"，以此为线索展开复述。

第三，复述时要将书面语转化成口语、长句转化成短句、复杂句转化成简单句，人物对话可以改为转述句。

第四，复述时要注意文章的叙事结构、段落层次、文章脉络、情节发展与原文一致，避免在复述过程中主观臆断，随意增添内容，以免产生歧义。

实践训练

一、按要求完成下面的详细复述

训练要求：快速捕捉信息要点，搭建表达框架，要讲清楚时间、地点、人物、起因、经过、结果等，注意不要偏离中心思想，复述时要逻辑清晰、内容准确、表达流畅。

1. 详细复述你听过的一个寓言故事。
2. 详细复述你最喜欢的一本书的内容。
3. 详细复述你看过的一部电影。
4. 选取最近发生的新闻事件，并进行详细复述。
5. 详细复述"长征精神"的内涵。
6. 详细复述"王进喜精神"的内涵。

7. 详细复述"雷锋精神"的内涵。

8. 查阅相关资料，详细复述鲁迅小说《孔乙己》的故事情节。

9. 查阅相关资料，详细复述"全国教书育人楷模""时代楷模"等称号获得者黄大年的事迹。

10. 查阅相关资料，详细复述"全国先进工作者""全国五一劳动奖章"等称号获得者张桂梅的事迹。

二、对下面的文章进行详细复述

训练要求：阅读下面的文章，快速提炼信息点，复述时要注意遵循原材料内容，逻辑严谨，表达清晰、准确。

▍卢永根：把一生献给党和祖国的"布衣"院士

卢永根，男，汉族，1930 年 12 月出生于香港，祖籍广东省广州市，1947 年 12 月参加工作，1949 年 8 月加入中国共产党，华南农业大学原校长、教授、博士生导师，中国科学院院士。2019 年 8 月 12 日，因病医治无效逝世，享年 89 岁。

卢永根同志一生学农、爱农、为农，全心全意奋斗在祖国最需要的地方，把毕生精力献给了祖国的农业科学和教育事业。他主持完成的《中国水稻品种的光温生态》，成为我国水稻育种工作者最重要的参考书之一，获得全国科学大会奖。他和助手提出的水稻"特异亲和基因"的新学术观点以及相关设想，被认为是目前对栽培稻杂种不育性和亲和性比较完整系统的新认识，对水稻育种实践具有指导意义。他常年跋山涉水寻找野生稻，在继承导师丁颖生前收集的 7000 多份野生稻种基础上，逐步扩充到 1 万多份水稻种质资源，为我国水稻种质资源收集、保护、研究和利用做出巨大贡献。他担任华南农业大学校长 12 年间，始终把党的教育事业放在首位，以身作则公而忘私，大刀阔斧推动改革，不拘一格选人用人，深受广大师生的崇敬和爱戴。他坚持"科学家有祖国"，把爱国之情、报国之志自觉融入中华民族伟大复兴的历史进程中。他时刻以党员标准严格要求自己，即便晚年身患重病卧床，仍然坚持参加病房临时党支部组织生活，认真学习习近平新时代中国特色社会主义思想。他穿不讲究、吃不挑剔，家中一床简席、四壁白墙，却将一辈子省吃俭用积攒下的 880

余万元全部捐献给华南农业大学，用于支持农业教育事业，还提前办理了遗体捐献卡，去世后将遗体无偿捐献给医学科研事业。

（《人民日报》2020 年 12 月 16 日）

▎"红"出新体验　"红"出新动能——2021 中国红博会观察

2021 中国红色旅游博览会 10 月 27 日—29 日在革命摇篮井冈山举行，上百家文创演艺和旅游商品企业参展，共商红色旅游未来发展。

记者在本届红博会上发现，国内各大红色景点不断创新红色文化呈现形式，推出红色旅游新业态，让游客有了更丰富的红色体验，既推动了红色基因传承，也推动了革命老区乡村振兴和经济发展。

红色文化变潮流时尚

戴上耳麦，点击屏幕选择一封红色家书，伴随着悠扬的配乐开始深情朗读……在红博会展览现场，不少游客来到一个"朗读亭"前排队打卡，在朗读声中重温红色历史、感悟红色精神。

"'朗读亭'收纳了红色故事、诗词歌赋、党史资料等海量素材，朗读者可以感受红色文化，让党史学习教育变得'声情并茂'。"广州优谷信息技术有限公司区域经理许继德说，游客在朗读结束后还可以保存音频，并且上传到社交平台，和好友分享"红色声波"。

移步红色文化展区，几位年轻游客正坐在草鞋耙前，将一根根稻草在麻绳之间穿梭缠绕。有的游客在体验后感慨，编草鞋看似简单轻巧，但真正上手操作却不容易，只有亲身体验才能深刻感受革命年代红军战士的艰辛和不易。

随着红色景点不断创新呈现形式，如今红色旅游不再局限于传统的橱窗式展陈，游客可以在互动参与中近距离"触摸"红色历史，旅游体验感大为提升。

记者在红色文创展区看到，文化衫、抱枕、手机壳等各式各样的红色文创产品琳琅满目，许多红色景点根据各自的红色资源，开发打造特色鲜明的红色 IP 和文创产品，让厚重的红色文化变得潮流时尚，进一步激发人们了解红色历史的兴趣。

足不出户游红色景区

深秋时节，一群身着红军服、肩挑竹扁担的年轻人，在黄洋界脚下蜿蜒崎岖的红军挑粮小道上"急行军"。

这是井冈山红色培训的一堂课程。近年来,井冈山依托丰富的红色资源,推出集体验式、参与式、互动式为一体的红色教育培训。走一段红军小道、听一堂红色课程、做一顿红军餐……丰富多样的培训课程和新颖独特的教学形式,让红色培训入脑入心。

不仅是沉浸式的红色培训,国内许多红色景点还借助 VR、3D 等现代科技打造交互式云课堂,增强学员们的代入感和参与感,唤起内心深处的情感共鸣。

1300 多个红色故事、2100 多个红色人物、5000 多张高清照片、100 余部影视作品……在红博会现场,一台"党建学习机"吸引了许多游客的关注。

只要戴上 VR 眼镜,游客就仿佛置身于党史学习的海洋中,题材多样的课件可以满足不同人群的学习需求。游客还可以操纵手柄"走进"景点,配合图片和声音解说,足不出户就能畅游红色景区。

赣州市智能产业创新研究院红色旅游中心副主任曾宝甜告诉记者,云上虚拟 3D 课堂不仅展示和链接了文字、图片、视频等多媒体内容,并且不断更新资源,满足人们对党史学习的科技化、趣味化需求,以一种全新的互动方式促进自主学习。

(新华社南昌 2021 年 10 月 29 日)

第三节　概要复述

一、概要复述的概念

概要复述就是将文章内容简明扼要地进行口头表达的过程,总体要求是在精准把握原文的基础上,经过分析、归纳、总结,提炼出文章的中心思想与内容要点,略去铺陈性、解释性、修饰性的语言,同时又不改变文章原意。

二、概要复述的要领

首先，概要复述需要提升分析、比较、选择、归纳、综合、概括的能力，要准确把握文章的主旨思想，根据文章的线索提炼出主要观点。

其次，概要复述需要正确处理文章的内容结构、详略关系，去粗取精、删繁就简。记叙文要抓住人物特征、事件发展走向；说明文要抓住被介绍主体的内在特征、外在特征、本质、功能；议论文要抓住文章的结构、总论点和分论点。

再次，一篇文章有多个中心思想的，要归纳整理，提炼最主要、最重要的信息。

最后，概要复述虽然要求言简意赅、要言不烦，但不能因此断章取义，必须做到结构完整、条理清楚、语言准确。

实践训练

一、概括主题训练

训练要求：阅读下面的新闻材料，给每条新闻拟定标题。可以尝试分别为下面的新闻拟定传统媒体标题和新媒体标题，切勿改变新闻原意，拟定新媒体标题时切忌成为"标题党"。

1. 日前，国家邮政局发布 2021 年中国快递发展指数报告。报告显示，2021 年，中国快递发展指数为 1571.5，同比提高 24.8%，行业发展稳中有进。从一级指标看，发展规模指数为 3609.4，同比提高 27.5%，规模增速超出预期；服务质量指数为 197.2，同比提高 0.4%，时效水平有所恢复；发展普及指数为 475.1，同比提高 14.1%，城乡发展更加均衡；发展趋势指数为 76.6，发展韧劲仍然较强。

（人民网 2022 年 5 月 11 日）

2. 记者从国家体育总局获悉，根据《国家体育产业基地管理办法（试行）》和《体育总局关于进一步加强国家体育产业基地建设工作的通知》，在各省（区、市）体育局推荐基础上，经专家评审、现场评估、综合评定和社会公示，命名、认定 9 个国家体育产业示范基地、19 家国家体育产业示范单位以及 5 个国家体育产业示范项目。

（人民网 2022 年 5 月 17 日）

3. 出生于 1995 年到 2009 年之间的"Z 世代"，在旅行消费多元化方面发挥着越来越大的影响力。民宿、电竞酒店，休闲度假领域的深度游、"网红打卡地"等新消费潮流的兴起，都离不开"Z 世代"的贡献。作为新时代青年，"Z 世代"青年有着更强的文化自信，他们已经成为红色旅游产品的绝对消费主力，同时，他们"互联网原住民"的时代身份也在重塑红色旅游的产品创新趋势和产业格局。

（《北京青年报》2022 年 5 月 17 日）

4. 两年前，"60 后"的李树建第一次尝试直播：调试设备、核对流程……这位在戏曲舞台上"叱咤风云"的豫剧大家，在开播前又认真地整了整自己的衣服。在之后近 4 个小时里，他既当演员，又当主持，既要自己在屏幕前唱念做打，又要不时和网络达人连麦，还不忘与观众互动。尽管对网络的传播能力早有耳闻，但 175 万的观看量还是令他震惊，也让他坚定了做戏曲直播的决心。

（《光明日报》2022 年 5 月 17 日）

5. 位于云南省昆明市的北方夜视科技研究院集团有限公司国营第二九八厂旧址内，有一座由原生产洞库改建成的博物馆——中国光学历史博物馆。馆内收藏有中国第一座光学玻璃熔炼炉、第一台对空测距机、光学加工设备等。国营第二九八厂是中国第一个光学仪器厂，也是中国光学工业的摇篮和故乡，工厂旧址入选第四批国家工业遗产名单。

（新华网 2022 年 5 月 17 日）

6. 近日，文化和旅游部网站发布《关于进一步提升暑期旅游景区开放管理水平的通知》，从优化预约管理、强化弹性供给、推动产品创新、提升服务质量、实施错峰调控、规范市场秩序、严守安全底线、强化宣传引导八方面作出部署。

（新华网 2023 年 7 月 26 日）

7. 巩固老旧小区改造成果，规范物业管理是关键一环。北京市住建委昨天发布《关于在老旧小区改造中进一步完善物业管理工作的意见》。《意见》明确，纳入改造的老旧小区可选择 4 种模式规范物业管理。其中，业主自我服务意愿较强且有良好管理能力的小区，可采取业主自行管理方式，优先聘用本小区居民从事保安、保洁等服务工作。《意见》明确，社区党组织要积极搭建由居（村）民委员会、业委会（物管会）、（原）产权单位、物业服务人等多方参与的治理格局和架构，明确各方具体职责，统筹推进老旧小区改造中的物业管理工作。

（《北京日报》2023 年 8 月 10 日）

8. 自去年底以来，生成式人工智能热度高涨，国内公开发布的大模型已达百余个，不仅带动了人工智能产业的蓬勃发展，也为其他产业注入了新动能。在日前举办的第十一届互联网安全大会（ISC 2023）上，多位专家提出，通用人工智能发展日益体现出技术创新快、应用渗透强、经济社会影响大、国际竞争激烈的特点。但发展与安全并重，对于当前火热的人工智能大模型以及人工智能技术，都需要把数字安全放在更突出的位置，让数字安全与人工智能技术融合发展。

（《经济日报》2023 年 8 月 16 日）

9. 如何办理"门诊特殊病"备案手续？市医保局发布答疑，符合办理本市门诊特殊病备案的基本医保参保人员，可从本人选定的定点医疗机构或 A 类、专科、中医、社区定点医疗机构中，选定 2 家医疗机构作为本人门诊特殊病定点医疗机构，即可进行医保特殊病治疗。异地就医的参保人，首先应先办理异地就医备案手续。办理"门诊特殊病"跨省异地就医备案时，一方面，本市参保人可通过"国家医保服务平台"手机 App 或"国家异地就医备案"微信小程序，办理异地就医备案手续。

（《北京日报》2023 年 8 月 16 日）

10. 直销行业对我国经济社会发展，特别是在促消费、增就业、稳外资、保主体以及建设"健康中国""美丽中国"等方面，有着独特优势。此次条例修订，应坚持规范与发展并重的原则，力求保护创新发展与完善治理规则均衡，回归直销机制和简化直销监管协同，发挥直销优势与控制经营风险并举。一方面，支持直销企业创新发展，改变现行条件下不符合市场经济规律的不合理制度，进一步激发直销企业的创新活力和发展动力，培育世界级直销企业；另一方面，要建立适应直销行业特点的监管制度和机制，强化事前事中事后全链条监管措施，防止出现欺诈行为，保护消费者权益和社会稳定。

（新华网 2023 年 8 月 16 日）

二、对下面的文章进行概要复述

训练要求：对下面的文章进行概要复述。要精准提炼出文章的主旨思想，内容详略得当，语言通俗易懂，切勿取舍不当、曲解文章原意。

▌周永开： 一辈子践行初心使命的 "花萼愚公"

周永开，男，汉族，四川巴中人，1928 年 3 月出生，1945 年 8 月参加工作，同年同月加入中国共产党，四川省原达县地委副书记，1991 年 6 月离休。

周永开同志是践行共产党人初心使命的典范，是党员干部学习的榜样。他对党的事业无限忠诚，新中国成立前冒着生命危险从事川北地区党的地下工作，新中国成立后全心全意为百姓造福，一辈子听党话、跟党走，用实际行动践行 "党是一生的追随" 的座右铭。在职期间，他恪尽职守、苦干实干，带领广大群众植树造林；顶着压力查办案件，坚决同腐败行为作斗争。离休后，他积极投身生态环境保护事业，牵头组建离退休干部义务护林队，不遗余力参与万源市花萼山护林造林，推动花萼山建成国家级自然保护区，始终以旺盛的革命热情践行 "人可以离休但共产党员永不会离休" 的朴实承诺。他把群众当亲人，多次拿出离休费捐资助学、扶贫济困，先后捐资18.9 万余元，连续 10 余年资助数十名花萼山贫困学生。他自掏腰包为花萼山群众购买中药材种苗，推动成立川陕萼贝专业合作社，带动老区人民规模种植、脱贫致富，被群众亲切地称为 "周老革命"。他对自己和家人始终严格要求，主动放弃单位集资建房选房名额，至今仍住在上世纪 80 年代修建的老家属院，绝大部分家具仍然是上世纪 90 年代的用品。周永开同志几十年如一日坚守共产党人的初心使命，把一辈子奉献给了革命老区，奉献给了花萼山，被当地人称颂为 "花萼愚公"。

（《人民日报》2020 年 12 月 16 日）

▌传统文学为影视改编提供优质内容

通俗网络小说的影视改编，在当下影视剧创作中占据了不小的比例。这其中有爆款，有口碑好剧，但也有烂尾剧和低分剧。与此同时，经历了一段时间的低迷，优秀的传统文学作品越来越被影视改编青睐，正朝着一个良性的方向发展。

大量传统文学作品的生命力被时间检验，同样也被影视改编检验。古典小说如四大名著、《聊斋志异》等，早早被列入影视剧的改编序列。而《城南旧事》《边城》《阿Q正传》《许茂和他的女儿们》《孔乙己》《林家铺子》《围城》《四世同堂》等现代小说，也被一一搬上荧屏或银幕，一些作品如《四世同堂》播出时竟至万人空巷。如果说很多通俗网络小说主要依靠想象力编织的传奇性情节取胜，那么传统文学作品，则依靠其深厚的文学功底、深刻的思想内涵、丰富充沛的人性情感、积极向上的价值取向，再度引起当下制作公司或平台的关注，成为接下来开发影视剧优质内容的优选。

之前二三十年，当代传统文学作品为影视剧提供了大量的优秀内容。如路遥的《平凡的世界》、徐贵祥的《历史的天空》、麦家的《暗算》、都梁的《亮剑》、刘静的《父母爱情》、陈忠实的《白鹿原》、阿来的《尘埃落定》等优秀小说改编的同名电视剧，以及毕飞宇的《推拿》和《摇啊摇，摇到外婆桥》（原著《上海往事》）、莫言的《红高粱》、麦家的《风声》等改编的电影作品，都是由小说家提供了扎实的母本。就当下来看，小说被改编为影视剧并不是作家们写作的初衷或目的，部分小说家甚至排斥影视剧改编，但是作为一种强大的视听媒介，影视无疑已成为小说原著传播的重要途径。这一点慢慢被作家们认识到。

一个伟大繁荣的时代，一个良好的影视创作环境，让传统文学作品有了更大的生长空间。百年党史中无数平凡又不凡的人物与故事，新中国70多年的发展成就，改革开放40多年的沧桑巨变，都是创作者们挖掘不尽的创作富矿，是"描摹当下"的最佳素材。

传统文学坚守的思想性和独特气质，能赋予影视改编作品特殊魅力。作为一名小说家和编剧，我十分期待传统文学在影视作品改编中发挥更大作用，两者相得益彰，繁荣共赢，也期待传统文学作品读者和影视作品观众群体能够高度重合。这是不同艺术样式之间、人与艺术之间的美好相逢。

（《人民日报》2021年10月29日）

▌教育部等六部门就全面加强校外培训机构预收费监管　切实维护人民群众利益作出进一步部署

近日，为贯彻落实中共中央办公厅、国务院办公厅印发的《关于进一步减轻义务教育阶段学生作业负担和校外培训负担的意见》，教育部会同国家发展改革委、中国人民银行、税务总局、市场监管总局、中国银保监会印发通知，就加强校外培训机构预收费监管工作作出进一步部署，严防妥处"退费难""卷钱跑路"等问题，坚决维护人民群众切身利益。

通知指出，要坚持校外培训公益属性、落实培训收费管理政策，坚决遏制过高收费和过度逐利行为。校外培训机构开展培训要全面使用《中小学生校外培训服务合同（示范文本）》，严格执行教育收费公示制度，预收费全部进入本机构培训收费专用账户。面向中小学生的培训不得使用培训贷方式缴纳培训费用。校外培训机构提供培训服务收取培训费应依法纳税，应如实开具发票。

通知强调，要全面实施预收费监管。学科类和非学科类校外培训机构预收费应全额纳入监管范围，包括本通知发布前已收取但未完成培训服务的预收费资金。各地可结合实际，采取银行托管、风险保证金的方式对校外培训机构预收费进行监管。实行预收费银行托管的，校外培训机构要与符合条件的银行签订托管协议并报教育等主管部门备案；开立预收费资金托管专用账户，做到全部预收费"应托管、尽托管"。托管银行不得因提供托管服务而额外收取培训机构、学员费用。采取风险保证金方式的，校外培训机构应与符合条件的银行签订协议并报教育等主管部门备案，开立风险保证金专用账户，存入规定金额的保证金作为其履行培训服务承诺和退费的资金保证。

通知明确，教育、发展改革、人民银行、银保监、税务、市场监管等部门要按照职责分工，加强对校外培训机构预收费的协同监管。建立定期共享校外培训机构预收费监管有关信息的工作机制，强化风险预警。要将培训机构的预收费情况纳入其诚信建设内容，充分发挥行业协会组织在信用建设、纠纷处理等方面的作用，引导培训机构规范运营，积极主动将培训预收费纳入监管。

通知要求，各地要将预收费监管列入对校外培训机构的日常监管、专项检查、年审年检和教育督导范围。尽快组织并完成对本省（区、市）校外培训机构预收费监管情况、是否存在"退费难""卷钱跑路"等问题开展集中排查整改。

（教育部网站 2021 年 10 月 29 日）

▌四川发布地灾黄色预警　涉及 9 个县市区

根据四川气象消息，今天晚上：盆地阴天间多云有阵雨或雷雨，雨量小到中雨，其中巴中、南充、遂宁、广元、绵阳、德阳、内江、自贡、宜宾、泸州10 市局部有大雨，个别暴雨；川西高原和攀西地区阴天间多云有阵雨或雷雨，局地中雨。明天白天：盆地阴天间多云有阵雨或雷雨，其中广元、绵阳、巴中、南充、遂宁、资阳 6 市和广安西部的部分地方有中雨；川西高原和攀西地区阴天间多云有阵雨或雷雨，局地中雨。

根据四川省地质环境条件，结合四川省气象台天气预报情况，四川省地质灾害指挥部办公室发布 7 月 1 日 20 时至 7 月 2 日 20 时，全省地质灾害气象风险预警 3 级，黄色预警的具体预警区域：绵阳三台县、盐亭县，南充嘉陵区、阆中市、南部县、西充县、仪陇县，遂宁射洪市、蓬溪县等 3 市 9 个县（市、区）。

四川省地质灾害指挥部办公室要求相关预警区域，密切关注降雨预报及降雨实况，会商研判地质灾害发展趋势，适时加密开展地质灾害气象风险等级预报；检查防灾责任体系落实情况；加密房前屋后斜坡、靠山靠崖、沟口等危险地段巡查与监测；做好监测预警和预警信息发布；督促指导当地政府和有关单位按职责分工做好隐患点受威胁人员转移避让准备，必要时，组织指导隐患险情严重区域受威胁人员果断提前转移避让，确保群众生命安全；做好突发地质灾害应急处置准备工作。

（人民网－四川频道 2022 年 7 月 1 日）

▌成都武侯祠新发现 8 通清代碑刻　此前被藏入墙体

一面看似斑驳朴素的庙墙里，隐藏着文物。28 日，成都武侯祠博物馆公布，在位于文物区中轴线上的武侯祠诸葛亮殿新发现 8 通清代碑刻，丰富、印证了武侯祠的人文历史。

　　成都武侯祠博物馆已有近 1800 年历史。成都武侯祠博物馆副馆长马萍在当天的新闻通气会上介绍，在今年 2 月的武侯祠博物馆陈列提升工程中，诸葛亮殿北面墙壁抹灰层剥落，露出碑刻的一角。经专业机构墙体扫描和清理，共发现 15 块碑石，根据空间位置和碑文内容，判断其分属 8 通碑刻。

　　碑刻的年代最早为 1672 年（清康熙十一年），距今 350 年；最晚为 1821 年（清道光元年），距今 201 年。全部碑刻前后跨度约 150 年。其中 5 通碑刻在清道光年间纂修的武侯祠历史专志《昭烈忠武陵庙志》中有所记载，另 3 通碑刻未见记载，是对武侯祠历史的重要补充。

　　碑文内容多样，包括当时的四川主政官员题记、清代状元书《出师表》、武侯祠祭祀活动记录、文人墨客访谒留书画等。

　　作为有"三国圣地"美誉的蜀汉英雄纪念地，武侯祠凝结着"仁义礼智信""温良恭俭让"的中华优秀传统文化品质。历史上武侯祠经历过多次修缮，一些碑刻艺术精品被前人出于保护的目的藏在墙体中。

　　因所处正殿正位，武侯祠诸葛亮殿北面墙壁素来为人所重。加上本次的新发现，该墙体内共有 25 通碑刻，年代上至 1518 年（明正德十三年），下到 1930 年（民国十九年）。

　　成都武侯祠博物馆保管研究部主任安剑华告诉记者，新发现的碑刻在经过保护之后，将全部展示给观众。

（新华网 2022 年 6 月 30 日）

第四节　扩展复述

理论概要

一、扩展复述的概念

　　扩展复述是对文章内容进行丰富和补充。在进行扩展复述时，主持人要通过合理的想象，适当地增加铺陈性、修饰性、解释性语言，在不改变原材料的基础上进行复述，不违背文章原意、逻辑和基本框架。

二、扩展复述的要领

第一，扩展复述对主持人的语言功底有着较高的要求。主持人在日常生活中要不断积累，丰富个人的语料库，可以通过捕捉细节进行扩展复述，让复述内容更饱满、更生动、更具体。

第二，想象对扩展复述具有重要作用。主持人可以借助生活常识、广泛认知等进行合理的想象，让扩展复述扩之有理、展之有据，充分做到有理有据的合理想象。

第三，议论文的扩展复述，主要是增加有理论论证的论据材料，做深入的解析；说明文的扩展复述，主要是增加细节描述，让所述内容更加具体、鲜明；记叙文的扩展复述，主要是通过完善细节描述，让复述内容更具体、完整。

实践训练

一、按要求完成下面的扩展复述训练

训练要求：对下面的诗词或成语进行复述，展开合理联想，将其扩展成一段完整的故事，要注意想象合理、符合客观事实。

（一）诗词扩展训练

1. 曾经沧海难为水，除却巫山不是云。——唐·元稹《离思五首·其四》
2. 去年今日此门中，人面桃花相映红。——唐·崔护《题都城南庄》
3. 春蚕到死丝方尽，蜡炬成灰泪始干。——唐·李商隐《无题》
4. 常存抱柱信，岂上望夫台。——唐·李白《长干行》
5. 桃花潭水深千尺，不及汪伦送我情。——唐·李白《赠汪伦》
6. 万里悲秋常作客，百年多病独登台。——唐·杜甫《登高》
7. 些小吾曹州县吏，一枝一叶总关情。——清·郑板桥《潍县署中画竹呈年伯包大丞括》
8. 见贤思齐，见不贤而内自省。——春秋·孔子《论语·里仁》

9. 君子务本，本立而道生。——春秋·孔子《论语·学而》

10. 取之有度，用之有节，则常足。——北宋·司马光《资治通鉴》

（二）成语扩展训练

完璧归赵	狐假虎威	车胤囊萤	卧薪尝胆	井底之蛙	走马看花
画蛇添足	三顾茅庐	破釜沉舟	爱屋及乌	不耻下问	当务之急
东窗事发	八仙过海	精卫填海	亡羊补牢	指鹿为马	安如泰山
背水一战	不远千里	乘兴而来	甘拜下风	改过自新	后生可畏
空中楼阁	两袖清风	南柯一梦	入木三分	水滴石穿	志在四方
众口铄金	否极泰来	众志成城	走马看花	争先恐后	凿壁偷光

（三）句子扩展训练

1. 天亮了……

2. 突然，一声巨响从远处传来……

3. 霎时间，四面八方，点灯明亮……

4. 阳光洒落在地上……

5. 如果那天他没有来……

6. 事情不只这么简单……

7. 如果时间能倒流……

8. 这就是我的梦想……

9. 自从丑小鸭变成了白天鹅以后……

10. 下课铃响了……

二、请对下面的材料进行扩展复述

训练要求：阅读下面的材料，进行扩展复述。要求逻辑清晰、语言流畅、情节严谨合理。

▍归侨黄大年何以感动国人？

"祖国帮我实现了大学梦、出国梦，是时候为她实现中国梦了。"黄大年曾经的寥寥数语，道出了新一代归侨心系国家民族振兴、鞠躬尽瘁的赤子情怀。

2009 年的平安夜，黄大年"落荒而逃"般登上了从英国飞往中国的飞机，抛下身后的一切：剑桥大学学区的花园别墅、世界一流的团队、妻子苦心经营的诊所、还在念书的女儿。

"落荒而逃"，黄大年在回忆当时回国的情景时用了这样一个词。"诊所里的药堆满了两个车库，车都扔在了停车场，什么都不管了。必须立刻走，我怕再多待一天都有可能改变主意……"这样质朴无华的话语让我们看到了一个真实、可爱的爱国赤子。

妻子卖掉苦心经营的诊所时的失声痛哭，团队成员的依依不舍，抛下女儿时的担心，都让 2009 年的那个平安夜成为黄大年最不能忘却的一晚。

"很多人都选择年老体弱落叶归根，但作为高端科技人员，我应该在果实累累的时候回来！"当被吉林大学侨联副主席任波问及为何舍下英国优越的生活和工作环境毅然回国时，黄大年如是说道，"我是国家培养出来的，是从东北这块黑土地走出去的，当然就要回到这里！"

《我爱你，中国》是黄大年生前最喜欢的歌，这首歌与他很配。不管是在海外，还是在中国，每当听到这首歌，他都会忍不住泪流满面。在"黄大年先进事迹报告会"现场，任波给大家播放了吉林大学艺术学院副教授姚丽华在黄大年走后的第二天带病录制的《我爱你，中国》。会场的一片静穆，只有黄大年生前最爱的歌声在回响。

（《人民日报（海外版）》2017 年 6 月 1 日）

▍夜空为什么是黑色的？

当太阳缓缓落山，天空暗了下来，天空就变成了黑色的，你有没有思考过这是为什么呢？

你可能会说是因为地球自转，背向太阳的一面没有太阳照耀就是黑夜。但在宇宙中太阳并不是唯一的发光体，宇宙中充满了无数个恒星构成的星系，我们看到的满天繁星，都是会发光发热的"太阳"。

在浩瀚的宇宙中，一颗恒星的光芒很微弱，但是无数颗恒星的光芒合起来是非常明亮的，可为什么夜空还是黑的呢？

1826 年，奥伯斯提出夜空为什么是黑的这个问题。如果宇宙是无限的，那么天空将均匀地布满恒星，整个天空将显得很明亮。实际情况则是，空间并非透明，从遥远空间射来的星光被星际物质吸收了。这种理论和观测之间的矛盾，就是著名的奥伯斯悖论。

还有人用大爆炸理论解释这一现象。宇宙大爆炸理论认为，我们的宇宙最开始是一个温度极高、体积极小的火球。在距今大约 200 亿年前，这个火球发生了大爆炸，在大爆炸中诞生了我们的宇宙。

在空间膨胀、温度降低、物质的密度减小的过程中，原先的质子、中子等等结合成氘、氦、锂等元素，后来又逐渐形成星系、星系团等天体。

在宇宙形成的早期，宇宙刚刚开始膨胀，还比较小，比较拥挤，星系碰撞、合并是很普遍的现象。当时大量小星系落到其他星系中，渐渐形成像银河系这样较大的星系。

宇宙的状态是逐渐膨胀，就像一个在不断充气的气球。在膨胀的同时，大量恒星逐渐远离地球，这些恒星的光也不能到达地球。所以，在地球上看到的星空是黑色的。

这些理论看似有道理，但又不能很好地解释奥伯斯悖论。

而第一个对奥伯斯悖论做出合理解释的是美国诗人爱伦·坡。他认为，遥远恒星的光没有照亮星空的原因是它们还没有到达地球，而我们无法看到比宇宙更远的地方。

宇宙的历史有 150 亿年，强大的天文望远镜能帮助我们看到某颗在 100 亿年前发出的光的恒星，但是这还不够。

物理学家开尔文对爱伦·坡的解释进行了量化。开尔文的计算表明，我们至少要能看到数百万亿光年远的范围，才能使得夜空变得明亮。由于宇宙的年龄现在远小于 1 万亿年，所以夜空是黑的。

（新华网 2021 年 10 月 19 日）

▌国家文物局： 加强文物保护 支持博物馆 纪念馆免费开放

据国家文物局消息，近日，国家文物局根据《国家文物保护专项资金管理办法》《中央对地方博物馆纪念馆免费开放补助资金管理办法》规定，对全国各省、自治区、直辖市、计划单列市和新疆生产建设兵团上报的申请项目进行严格审核提出安排建议，进一步加强文物保护工作，改善文物保护条件，支持博物馆和纪念馆免费开放，鼓励改善陈列布展，提升展览展示水平。

此外，近日财政部下达 2022 年度国家文物保护资金 63.83 亿元、博物馆和纪念馆免费开放补助资金 34.4 亿元，保持相关经费稳中有增，积极促进全国文博事业发展。

2022 年度国家文物保护资金主要包括两个方面：一是国家文物保护资金，主要用于文物维修保护、文物安防、考古、可移动文物保护等所需支出，优先用于革命文物、石窟寺文物、考古、国家文化公园建设相关文物保护项目；二是博物馆和纪念馆免费开放补助资金，主要用于列入中央免费开放名单馆的运转经费补助、列入中央免费开放名单馆的陈列布展补助、国家级重点博物馆补助，适当向民族地区、边疆地区倾斜。

（人民网 2022 年 5 月 12 日）

第五节　变式复述

理论概要

一、变式复述的概念

变式复述是指根据不同的语境，将原文章的体裁、语体、人称、结构等内容加以转换的复述方式，这种复述方式类似改写。变式复述包括改变文体、改变记叙人称、改变记叙顺序、跨越时空等。

二、变式复述的要领

第一，变式复述的创作空间较大，在原材料的基础上可以根据实际情况改变人称顺序，改变体裁，改变结构顺序，但切记不能改变文章原意。把原材料的第一人称"我"改为第三人称"他"，或把第三人称"他"改为第一人称"我"；改变原材料的叙述顺序，如为增加悬念把顺叙改为倒叙，或为使头绪清楚把倒叙改为顺叙等；改变原材料的文体、语体，如把诗歌改为散文等，把文言文改为现代语体口述出来等。

第二，在改变顺序时，采用倒叙可以制造悬念，增强受众的吸引力；插叙和增叙可以让内容更完整、更具体。

第三，第一人称是一种直接表达的方式，便于抒发感情，进行详细的心理描写，给人以亲切感；第二人称是指与说话人相对的听众，便于对话，可以增加感染力，用于物品描绘时，会有拟人的效果；第三人称是指说话人与听众之外的第三方，以旁观者的身份出现，不受时空限制，能比较灵活地反映现实。

实践训练

一、对下面的材料进行扩展复述

训练要求：根据材料的实际情况或情境，完成变式复述。每则材料可以分别进行改写人称、体裁、结构训练。注意内容的真实性、逻辑的严密性、语言的口语化。

▎醒醒吧，"白芸豆"没法帮你"嗨吃"不胖

让我们长肉的，不只是碳水化合物。相比之下，精加工食物中添加的各种糖才是导致减肥失败的主要原因，而人体吸收这些糖并不需要淀粉酶，因此仅靠碳水阻断剂来减肥并不科学，它只是我们走向健康的帮手，而不是放纵"嗨吃"的借口。

资料显示，白芸豆的生物学名字为多花菜豆，作为蔬菜时被称为四季豆，属于豆科三大亚科之一蝶形花亚科的菜豆属。

"'白芸豆提取物'富含α－淀粉酶抑制剂（以下简称淀粉酶抑制剂），能抑制α－淀粉酶的活性，使人体口腔、胰腺里的淀粉酶活力下降，起到抑制唾液淀粉酶和胰淀粉酶的作用，从而导致淀粉不能完全被分解成小分子的单糖被人体吸收。"青海大学附属医院临床营养中心主任董海芸在接受《科技日报》记者采访时表示，该物质是从植物中提取的，或含有一些植物凝集素，可能会提升人体某些激素的水平，减缓饭后胃排空的速度。

这么听起来，它似乎真能让人"嗨吃不胖"，事实真是如此吗？

研究数据显示，在理想状态下，淀粉酶抑制剂可以抑制50%到65%的淀粉酶活性。"不过，需要注意的是，其余未被抑制的35%的淀粉酶，就足以让

人体完全吸收一餐中所含淀粉。哪怕是最强的淀粉酶抑制剂，在安全剂量下也只能抑制 97％淀粉酶的活性。但遗憾的是，这项研究数据显示，它也只帮助人们减少了 7％的淀粉摄入。"

（《科技日报》2022 年 5 月 5 日）

▎靠读唇语考上清华　这位姑娘 "感动中国"

"知命不惧，日日自新。"走下 "感动中国" 颁奖台后没多久，江梦南在社交平台写下这句话，然后再次全身心投入学术课题研究中。从无声世界里突围，江梦南用乐观坚强奏响生命的强音，传递昂扬向上的青春力量。

人生起于低谷，也要逆风前行，迎难而上。学习发音和唇语，是江梦南要跨越的第一道难关。摸着喉咙感受声带振动，仔细辨别每个字词气息的差别，对着镜子一遍遍练习嘴型，她学会每一个字，都付出了数倍于常人的艰辛。成长和学习的考验接踵而至，因为无法一直看到老师的嘴型，她只能通过看板书和课后自学跟上进度；因为听不到闹铃的声音，睡觉时她会把手机放在手里，靠振动唤醒自己。更多的付出和汗水，终于浇灌出沉甸甸的丰硕果实。

奋斗自强天地宽。生活、成长、求学，每一步都是 "困难模式"，江梦南却说："我从来没有因为听不见，就把自己看成了一个弱者。我相信自己不会比别人差。"克服日常生活中的困扰和烦恼，她探索出和健全人一样广阔的世界。一起上课、一起做实验、一起运动、一起娱乐，看似和身边同学一样的校园生活，背后是江梦南凡事不服输、加倍努力的结果。江梦南的成长之路，是自强者用自己的脚步丈量、踏实走出来的一条路，尽管布满荆棘，却也鲜花盛开，风景别样美丽。

颁奖典礼上，主持人对江梦南说了一句话：我非常佩服你的爸爸妈妈。父母的爱，是江梦南坚强自信的源泉。无论是为了向她解答清楚一个术语的内涵写满十几页纸的硕士导师，还是自发组成学习小组帮助她解决教材中、课堂上的问题和难点的同学们，江梦南向梦想进发的旅程，离不开源源不断的暖意和关怀。心怀感恩，向阳生长。大学期间，江梦南多次到家乡的特殊教育学校做义工，鼓励和帮助身体有残障的儿童。如今，她在学术道路上不断精进，笃定地向着治病救人、祛除病痛的目标进发。

通过个人努力克服身体残缺带来的困难，与健全人站在同一条跑道上，实属不易。江梦南的心愿就是，为所有人创造一个平等、包容、无碍的环境，让人人都能平等地生活与工作。江梦南为之不懈奋斗的这个心愿，需要我们每个人共同参与。

（《人民日报》2022 年 4 月 12 日）

▎电影 《你是我的春天》 上映　电影人汇聚 "春天" 记录人间温情

7月1日，以温暖治愈为基调的电影《你是我的春天》全国上映。《你是我的春天》由陈道明任总监制，黄渤任监制，张宏任总制片人，周楠、张弛、田羽生、董越、饶晓志执导，周冬雨、尹昉、宋小宝、潘斌龙、王景春、赵今麦、黄超、杨斯、黄晓明、宋佳、张航诚等共同出演。

近日，电影发布了一个制作特辑，导演与主创悉数现身分享幕后故事。众多中国电影人汇聚，用十足诚意向每一位努力生活的"你"加油打气：每一个守护春天的人，都值得铭记。

"作为电影人，有义务用自己的摄影机，去记录这段历史。"特辑开篇，周楠导演就用这样一句话道出了这部电影的创作初衷，视频也首次公布了主创团队幕后工作的场景。"我希望达到一种无限接近真实的效果。"导演董越认真打磨每一处细节，演员们则是与医务工作者共同参演，以精湛的表演打动了现场观众。

为还原角色质感，黄晓明主动要求在脸上加斑，且毫不在意自己真实的白发出现在镜头中；因为长时间佩戴防护口罩而将鼻梁压出红痕的宋佳，轻描淡写地表示"正常"；周冬雨坚持朴素出镜，角色卧病时的憔悴与困境下的坚韧被呈现出来；赵今麦等主演也纷纷展现出身为演员的使命感，记录了平凡而伟大的普通人的闪光瞬间。众多中国电影人汇聚在"春天"，用真诚的制作与表演为观众奉上一部充满温暖与希望的电影。

（人民网 2022 年 7 月 1 日）

本章思考题

1. 口头描述的要领是什么？

2. 新闻图表描述的注意事项有哪些？

3. 复述能力对主持人有什么作用？

4. 变式复述的要领是什么？

5. 概要复述如何能做到言简意赅？

6. 详细复述与扩展复述有什么不同点？

拓展阅读

央视网｜《新闻联播》　　　　央视网｜《新闻直播间》　　　　央视网｜《故事里的中国》

第四章　即兴评述

本章要点

1. 了解即兴评述的概念。
2. 熟悉多种即兴评述的形式。
3. 熟练掌握新闻评述的方法及技巧。
4. 熟练掌握新闻图片评述的方法及技巧。

在广播电视或新媒体节目中，即兴评述是主持人依据提纲、资料等文本融入个人理解进行创作的一种表达形式，是主持人有声语言创作的重要方式之一。即兴评述要求主持人具备多元的知识结构、丰富的文化储备、严谨的逻辑思维、清晰的语言表达、良好的心理素质，对节目内容输出及价值导向有精准把控。这些素养对主持人的即兴口语表达提出了更高层次的要求，即兴口语表达的质量也是影响节目水平高低的重要因素。

第一节　词语话题类即兴评述

理论概要

评述是主持人知识、经验、思维、表达等多方面的综合体现。词语类评述主要包括字词、诗词、成语、谚语、俗语、名言警句、热点话题等，可以是围绕某个字或词谈感受、认识、观点。话题类评述多以"谈谈你对……的看法""你如何理解……""你如何看待……"等形式出现。话题类评述不仅出现在广播电视或新媒体节目中，也是普通话水平测试中命题说话的考试题型。高质量的观点呈现体现着主持人对语言的掌控能力，以及对话题的总结能力和归纳能力。

一、即兴评述的基本要求

即兴，指在毫无准备、精神高度集中的情况下进行临场发挥。评述，是对事件、事物发表看法、见解的一种表达方式。即兴评述要结构完整、真实准确、层次清晰、有理有据、情真意切。即兴评述要达到三个层次，即思路清晰、逻辑严谨、表达具备艺术性。具体而言，包括以下五个方面：

（一）结构完整

即兴评述的逻辑结构要完整，有头有尾、善始善终，也要论点正确、论据充分、论证有力。主持人首先要确定如何入题，在论述部分徐徐展开，最后对事件进行归纳和总结，做到首尾呼应，升华主题。

结构是即兴评述的框架，常用的结构有并列式、递进式、总分式、对比式等。此外，主持人要时刻谨记即兴评述的主题思想，需要从整体出发，明确传播的目的，提升传播效果。

（二）层次清晰

找准层次才能清楚地了解语言表达的布局和结构。语言表达层次清晰，实则是思考问题时逻辑思维要清晰，即兴评述需要"亮出观点"。此外，要用充分、扎实的论据来论证观点。依据逻辑思维的主次之分，主持人在语言表达时要做到梳理、归纳、总结，对事件发表看法也要层层递进、条理清晰、娓娓道来。

（三）真实准确

在事实准确的基础上，按照实事求是的原则，明确提出对所论述问题的主张和看法，这一特点既体现在"述"的部分，也体现在"评"的部分。"述"

是为"评"做铺垫和服务的,这就要求我们在进行即兴评述时,了解新闻事实,在叙述时符合事实,不能随意夸张、添油加醋,更不能断章取义。

(四) 有理有据

在即兴评述的过程中要依据事实发表见解、主张,这需要主持人具备较高的政治素养、新闻素养、专业素养,还要有扎实的知识储备和深厚的文学功底。主持人可以不是"专家",但必须是"杂家",因而在学习工作中要不断更新知识储备、夯实文化素养、优化知识结构。

(五) 情真意切

语言表达需要确定基调,主持人在即兴口语表达时,要明确感情色彩和总的态度倾向。情绪抒发要源自内心、贴近事实,不能矫揉造作、虚情假意,要避免"套路式"的话语和结构,见解要独到,彰显人文关怀,让即兴评述兼具深度、广度、温度。

二、词语话题类即兴评述的特点

(一) 观点鲜明、直奔主题

词语话题类即兴评述不像新闻评述中的"信息点"那么多,一般可以根据词语或题目代入主持人的主观感受抒发情绪。主持人在评述时需要直接入题、开门见山地呈现自己的观点、主张和看法。词语话题类即兴评述的特点是简洁明了、一针见血,使受众能快速捕捉信息点。

(二) 注重交流、现场感强

词语话题类即兴评述像是主持人在和受众围绕一个话题交流观点和看法,双方处于平等状态,因此,主持人表达的内容要贴近生活,语言表达的状态要亲切自然、积极热情,表达方式要口语化,长篇大论并不容易引发受众的共鸣。同时,主持人要边表达边观察受众的反馈,善于抓住受众较为关注的部分,加以扩充内容,提升表达效果。

（三）引经据典、论据丰富

词语话题类即兴评述表达观点比较直接，一般来说，简短的几句话就能表明一个人对一个词的看法或是对一个问题的态度。主持人在评述时可以结合当下社会环境确定评述角度，或者通过叙述一个事件、一个场景、一个现象，呈现观点。在选择评述角度时，主持人要注意传播价值的彰显，体现媒介的性质和节目宗旨。

实践训练

一、成语评述训练

训练要求：以下列成语为题进行 3 分钟的即兴评述。成语有固定的结构形式和说法，也有固定的含义和所指。评述时要正确理解成语原意，观点清晰、概括准确、语言流畅。

1. 破釜沉舟。
2. 学富五车。
3. 指鹿为马。
4. 大智若愚。
5. 完璧归赵。
6. 四海为家。
7. 生财有道。
8. 精卫填海。
9. 愚公移山。
10. 国士无双。
11. 盘古开天地。
12. 防患于未然。
13. 一物降一物。
14. 三思而后行。
15. 独木不成林。
16. 出淤泥而不染。

17. 英雄所见略同。

18. 真金不怕火炼。

19. 人心齐泰山移。

20. 化干戈为玉帛。

21. 过五关斩六将。

22. 流言止于智者。

23. 无所不用其极。

24. 英雄所见略同。

25. 言必信行必果。

二、俗语、谚语评述训练

训练要求：对下列俗语或谚语进行 3 分钟的即兴评述。俗语、谚语是广泛流传于民间的言简意赅的短语，反映了劳动人民的生活实践以及在生活实践中总结出的经验教训。评述时要将俗语或谚语还原到一定的生活场景或社会背景中，结合生活实际进行分析，观点明确、逻辑清晰、语言流畅。

1. 吃水不忘挖井人。

2. 心则不竞，何惮于病。

3. 不要把鸡蛋放进一个篮子。

4. 鞍不离马背，甲不离将身。

5. 宁向直中取，不可曲中求。

6. 与其坐而言，不如起而行。

7. 骑马莫怕山，行船莫怕滩。

8. 留得青山在，不怕没柴烧。

9. 家有万金，不如藏书万卷。

10. 有一兴必有一败，有一利必有一弊。

三、热点词语评述训练

训练要求：对下列热点词语进行 3 分钟的即兴评述。评述时需要结合社会背景进行分析，可以创新评述视角，但不要为了"新奇"而"新奇"。评述时要做到语言流畅、逻辑清晰、立意准确。

1. 内卷。
2. 破防。
3. 硬核。
4. 凡尔赛。
5. 野性消费。
6. 精神内耗。
7. 废话文学。
8. 全职儿女。
9. 特种兵式旅游。
10. 孔乙己的长衫。

四、名句评述训练

训练要求：对下列名句进行 3 分钟的即兴评述。名人名句是对人生具有一定启迪意义的短句。评述时要透过现象看本质，深入理解名人名句的内涵，探讨其背后的哲学意蕴。

1. 君子坦荡荡，小人长戚戚。
2. 采得百花成蜜后，为谁辛苦为谁甜。
3. 察己则可以知人，察今则可以知古。
4. 如果信仰有颜色，那一定是中国红。
5. 器大者声必闳，志高者意必远。
6. 君子养心莫善于诚，致诚则无他事矣。
7. 良药苦于口而利于病，忠言逆于耳而利于行。
8. 处事不必求功，无过便是功。为人不必感德，无怨便是德。
9. 为天地立心，为生民立命，为往圣继绝学，为万世开太平。
10. 千丈之堤，以蝼蚁之穴溃；百尺之室，以突隙之烟焚。

五、话题评述训练

训练要求：对下列话题进行 3 分钟的即兴评述。评述时可以联系社会现实展开讨论，清晰表达观点，有丰富的事例论证，可以横向或纵向延伸观点，切实表达"我"的看法，富有个人语言特色。

1. 如何理解"艺术与科技"?

2. 如何理解"远亲不如近邻"?

3. 如何看待"知识改变命运"?

4. 如何理解"小镇做题家"?

5. 你认为该不该摆"谢师宴""百天宴""升学宴"?

6. 如何看待"方言的消逝"?

7. 如何看待"职业教育"?

8. 如何看待"工匠精神"?

9. 如何看待"近视低龄化"?

10. 如何看待"啃老族"?

11. 如何看待"无手机课堂"?

12. 谈谈你对"品牌就是力量"的理解。

13. 谈谈你对"酒香不怕巷子深"的理解。

14. 谈谈你对"近水楼台先得月"的理解。

15. 请你预测可穿戴电子设备的未来发展。

第二节 新闻评述

理论概要

新闻评述多出现在新闻评论节目、新闻谈话节目中,无论是传统的广播电视节目还是新媒体节目,只能承担播报工作的"单一型"主持人逐渐被行业和市场淘汰。在媒介融合的浪潮中,受众对节目的需求更加多样,这对主持人提出了更高的要求。

主持人做好新闻评述,除了具备基本的语言表达等专业能力,还要具备较高的政治素养和新闻素养,包括对新闻事件的敏锐感知力、对新闻价值的判断力、对新闻事件的分析力及对事件评论的把控力等。

一、新闻叙述

在做新闻评述时，叙述新闻是首位。主持人在叙述新闻时要理清新闻脉络、补充背景信息，同时给评论留好切入点。

（一）理清新闻脉络

主持人在交代新闻事实时，一定要对新闻信息进行整合，一般来说要提取关键信息点给受众。找准逻辑结构确定新闻的叙事结构，通过拆解原有新闻内容进行"加工制作"，以确保新闻内容明了和层次清晰。

（二）补充背景信息

主持人在新闻评述时提供必要的背景信息，会便于受众的理解，也有利于评论的展开。背景信息包括地理背景、历史背景、社会背景、媒介背景等。

（三）留好切入点

新闻评述围绕新闻事件的哪些关键点展开，需要主持人在叙述新闻时安排好评论的布局与结构，增加受众对事件关键信息的印象，便于评论的展开。

二、新闻评论

主持人在节目中对新闻事件发表评论，无论是简短议论，还是完整评述，在节目中都发挥着重要作用。主持人评述新闻事件的过程也是与受众沟通、交流意见的过程，更是平衡、疏导、发挥舆论积极导向作用的过程。

叙述新闻事件要简洁清晰、明了干脆，评论新闻事件要一针见血、直切要害。与受众平等、亲切地交流沟通，会使主持人的形象更丰富、鲜活，更具有权威性和公信力，加强受众对节目的黏性。

三、论证方法[1]

论证是用论据来证明论点的过程，是由论据到论点的联系方式，即从论据

---

[1] 张颂：《中国播音学》，北京：中国传媒大学出版社，2003年版，第319—321页。

的真实性推出论点的真实性的推理形式的总和。熟悉、掌握论证的方法并能恰当地运用这些方法将论点与论据有机结合在一起，是即兴评述训练的重要任务。以下是常见的几种论证方法：

（一）演绎论证

演绎论证就是用众所周知的普遍原理或用公认的科学原理与道理推断出一个论点的论证方法，它是从一般到个别的论证方法。演绎论证循序渐进、循循善诱，具有说服力。

（二）归纳论证

归纳论证就是通过一些个别的事例（论据），归纳其共同的属性，综合它们的共同本质，得出一个带有普遍性的结论（论点）。归纳论证以事实为论证的基础，因此事实要真实，具有典型性；归纳要准确，具有概括性。

（三）比喻论证

比喻论证要求两事物需要有类似之点，既可用一事物比喻另一事物，从而论证一个比较抽象的事理的论证方法。它将逻辑思维与形象思维融贯一体，充满机趣，寓理于具体、可感的形象之中，便于人们理解、接受。

（四）类比论证

类比论证就是把两种具有某些相同或相似属性的事物进行比较，用一事物的属性来论证另一事物也应具有的属性，从而确立论题的真实性。类比论证不强加于人，而是在类比中自然而然地推导出结论，寓刚于柔。

（五）因果论证

因果论证就是通过论证事物发展的因果关系来揭示事物发展的必然规律。

（六）反驳论证

反驳论证是用自己的论证推翻别人的论证，包括直接反驳和间接反驳。间接反驳包括归谬法与反证法。归谬法，先假设被反驳的对象是真实的，然后再将被反驳的对象（一种论点或是一种做法）进行合乎逻辑的引申，引出其结论或结果的荒谬，这样错误的结论或结果也就不攻自破了。反证法是通过证实与反驳对象相矛盾或相对立之处，根据排中律的原则，也就证明了反驳对象的荒谬与错误。

四、新闻评述的技巧与方法

即兴评述有一个最基本的结构，即"是什么—为什么—怎么办"，很多新闻材料评述都可以按照这个结构来进行，但如果想要评出新意，则需要在多方面下功夫。

（一）述评结合

结合"述"与"评"两个部分，可以先述再评，也可以边述边评。新闻事件评述要掌握好"述"与"评"的比重分配，一般来讲，"评"要大于"述"。同时需要注意，对事件的基本看法、观点，使用的论据及所列出的背景信息、相关事件等内容必须符合正确的舆论导向，不能以一己之见，以偏概全地给事件定性，要多角度、多维度、多领域衡量和思考问题。

（二）整体布局

从新闻类型角度出发，掌握评述整体布局。一般来说，如果我们评述的新闻是政策法规类的内容，就要结合时代背景、社会背景及行业现状，探讨颁布相关政策法规的原因、必要性，并分析颁布政策法规的重要意义及深远影响。如果评述的是社会新闻事件，则要抓住这条新闻的独特之处，从贴近百姓生活的角度展开探讨。社会新闻的评述要急民之所急、想民之所想，从新闻中找到能给人警示、引人深思、发人深省的内容，还能解民之所忧。

（三）抓整体或找关键点

从新闻内容角度出发，选择抓整体或找关键点。如果新闻内容着重体现某一突出特点或是有明显的中心思想，可以对新闻事件进行整体评论。如果在新闻材料中有很多信息点或角度可以展开分析讨论，可以抓住新闻事件的某些关键点进行评论。直接准确抓住评述要点、新闻热点或整件事件，对评述者而言是一种考验。

五、实例分析

（一）

1. 新闻背景

"这个学生很自律，真的可以考虑""我们的学生学习能力很强，综合素养很高""这个学生如果错过了，你真的会后悔！"……近日，浙江理工大学的老师李孝明，在直播间手持学生的简历向用人单位进行推荐，对学生们的特长，他都如数家珍，众多网友为他点赞。

（央视新闻 2023 年 2 月 23 日）

2. 新闻评论实例

▌老师 "直播带人" 火了， 大学就业工作用心了

"这个学生如果错过了，你真的会后悔！"

据央视新闻报道，几天前，浙江理工大学的直播间里，该校经管学院党委副书记与辅导员热情洋溢的"直播带人"，受到用人单位关注。取得面试资格的学生吕玉科说："自己成了全网羡慕的学生，很感动，也很感恩。"据介绍，在直播推荐的 8 位学生中，有 3 人已经和企业达成初步意向，免初试直接进入复试环节。

"直播带人"能够更高效地联结用人单位与求职大学生。过去三年，校园招聘普遍通过线上方式进行，降低了用人单位的招聘成本，赋予求职者更多机会。学生不必东奔西跑，也不必过于担心面试、笔试时间地点的冲突，在学校里就能完成求职择业的大部分流程。线上招聘采取"直播"，更有现场感，也提高了招聘效率。

但是，"直播带人"真正的意义不在于形式，而在于教师作为"中间人"，对学生不遗余力的推荐。在校园招聘中，困扰用人单位与求职学生的一大难题就是信息不对称。用人单位不了解学生的真实水平、动手能力，很多时候只能凭着简历、成绩单、得奖证书等外在指标考察求职者。与此同时，学生因为工作经验和社会阅历的欠缺，不知道用人单位到底需要怎样的人才，如何更好地展示自己。

　　熟悉社会就业形势且具有丰富阅历的教师，在用人单位与求职学生之间扮演沟通角色，是实实在在的促就业之举。正所谓"当局者迷，旁观者清"，教师对学生的了解更加全面平衡，也对用人单位实际情况有着一定掌握。比起学生自我介绍，教师"直播带人"精准性更高，更容易"戳中"用人单位的现实需求。

　　就业是一项长期工作，学校声誉与往届校友表现是应届毕业生的隐性竞争力。用人单位之所以接受"直播带人"，在于对学校和教师的信任。对此，教师也要用心维护这种信任，公允介绍学生的优缺点，努力追求人岗匹配。而高校在就业工作中也可以更多些"直播带人"这样用心用情的创新尝试。

（《新京报》2023 年 2 月 23 日）

　　3. 实例解析

　　《新京报》的这篇评论，借用新闻中老师直播时说的一句话开篇，不仅新颖、亮眼，同时能够交代新闻背景——高校老师"直播带人"。

　　评述主体部分采用辩证的观点看待这一现象。评述第二段是在新闻材料基础上补充的背景资料，以已经取得面试资格的同学的感受，和与企业达成初步意向的学生数量来表明"直播带人"的优势与力度。第四段和第五段是一个整体，很多企业的线上招聘不仅降低了招聘成本，也避免应聘者路程奔波、应聘时间冲突等问题。线上招聘虽然有足够优势，但也存在弊端，比如第四段中谈到的"用人单位不了解学生的真实水平、动手能力"等情况，以及学生"不知道用人单位到底需要怎样的人才，如何更好地展示自己"等问题。

　　最后一段是对全文的总结与延伸，"直播带人"的模式之所以能成功，是出于对学校和老师的信任，老师在"直播带人"时也应实事求是，用心维护这种信任。同时，对"直播带人"这种促进学生就业的方式给予肯定，鼓励更多探索和创新。

　　这篇评论不仅有对社会现象的描述，也有对时代发展背景的整体把握，内容清晰，层次明确。

（二）

　　1. 新闻背景

　　"我们就是为运河边的博物馆群来的。"杭州工艺美术博物馆，游客络绎不绝，不少是来自外地的家庭游客。刚刚过去的寒假，各地博物馆迎来一波游览热潮。

近几年，《只此青绿》《唐宫夜宴》《我在故宫修文物》等节目的走红唤起了人们对文博的热情，"博物馆热"悄然兴起。沉下心来逛一次展览、听一场专业讲解成为一种热门的出游选择。各地博物馆也纷纷出招，推出互动体验、文创产品、数字文物，为文博爱好者提供博物馆全新的"打开方式"。

（国家文物局 2023 年 2 月 20 日）

2. 新闻评论实例

▎"博物馆游" 助推文化与生活深度融合

据媒体报道，"博物馆游"在刚刚过去的寒假里悄然兴起。有别于走马观花、拍照打卡的传统观光游，一些游客走进博物馆，沉下心来鉴赏文物，听取专业人员深度讲解，全面了解文物蕴含的历史文化和精彩故事。更有游客在整个旅游行程中，目的地全部由博物馆构成。故宫博物院、河南博物院、陕西历史博物馆、三星堆博物馆、中国国家博物馆、南京博物院等，都是"博物馆游"的热门目的地。

"博物馆游"悄然兴起传递出一个重要信息。对一部分游客来说，文化已经不是旅途中可有可无的点缀，而是旅途的"正餐"。浮光掠影、浅尝辄止、拍照打卡的传统观光游，已经难以满足他们对于历史文化、艺术思想的深度需求。与此相对应，精神文化需求日益成为他们日常生活中的主体性需求。对于历史文化、艺术思想的深度学习、系统掌握，将成为形塑思想观念、情感审美的重要力量，广泛影响其日常生活，构建一种富于文化内涵的生活方式。

历史文化、艺术思想在博物馆和游客之间的"供需衔接"，有助于实现博物馆内外的充分连接，使馆藏文物承载的历史文化、艺术思想价值，在现实生活中引发共振、获得回响。由此，文物不但"活"了起来，参与、融入人们的当下实践；它还像种子一样，将古老、珍贵的文化价值播撒于现实生活的沃土。古老与现代、传统与创新的碰撞交融，往往可以催生新的文化基因，带来新的文化价值。

博物馆得以更深入地走进群众、走进生活，更好地发挥文化效益和社会效益，与博物馆多年来不遗余力"打开馆门"、亲近大众的努力密不可分。以故宫博物院为代表，一批博物馆通过精心策展、拍摄纪录片、制作文化综艺节目、开发文创产品等文化活动，提升了博物馆的公众关注度，使博物馆、馆藏文物、文化故事持续成为全社会的热门话题。在实现广度覆盖的同时，"博物馆热"向深度推进日益成为一种必然。

博物馆文物还与"非遗"文化互相交织、相得益彰，共同推动文化热潮。如果说博物馆文物在主动走进群众之后得以更好地融入生活、参与当下，那么很多"非遗"文化本身就是当下的生活实践，是人民群众日常的衣、食、住、行、玩。日前，在陕西省榆林市举办的首届中国非物质文化遗产保护年会开幕式上，"非遗"文化就以鲜活的形态呈现了它的实践性、在场性和日常价值——开幕式前夜，来自全国各地的 203 项国家级、省级非遗项目和 500 多名非遗传承人汇聚一堂，100 多个具有地域文化特色的非遗摊铺依次排开，构成了别开生面的"非遗大集"。"赶集人"沉浸在好吃、好玩、好看的"非遗"体验内容中，实现了"非遗"文化与现代生活的充分连接。

文化与生活深度融合的趋势潮流，同样在城市建设的层面获得了呼应。比如，北京市就明确提出全面提升博物馆与城市的融合发展，打造"博物馆之城"。其中，建设"全域活态博物馆""重点文博区"，以及培育"类博物馆"、探索"类博物馆"开放管理模式的目标和理念，都使人们对未来"文化生活化、生活文化化"的愿景充满了憧憬和想象。在此愿景中，文物和文化遗产不仅仅属于过去、记载历史，它们还真正动起来、活起来，融入、参与市民群众的生活实践，为他们提供深厚的文化精神滋养，成为形塑当下、开启未来的重要力量。

（《光明日报》2023 年 2 月 23 日）

3. 实例解析

《光明日报》的这篇评论，第一段是新闻材料的延伸，讲述传统观光游和"博物馆游"的区别差异，补充已经成为热门目的地的几大博物馆的信息。对材料的延伸及补充，都要求主持人在生活中有大量的阅读和积累，否则评述内容难以扩充。

第二、三、四、五段从不同角度揭示出"博物馆游"到"博物馆热"的原因，分析透彻，环环向前。

最后一段是评论的总结与升华。前面讲了"博物馆游"到"博物馆热"，最后提出北京市凭借丰富的历史文化资源打造"博物馆之城"，推动了人们对未来"文化生活化、生活文化化"的愿景。自此，文物和文化遗产不仅仅属于过去、记载历史，还真正地动了起来、活了起来。

（三）

1. 新闻背景

春节过后，新学期即将开始，各地的体育中考也将陆续展开。此前，有专家建议调整今年中考体育项目，因为"阳康"后强行剧烈运动，可能会加重心脏损伤等。红星新闻记者了解到，近日，贵州省贵阳、遵义、六盘水、黔南等多个市州为此调整了体育中考项目，均取消了男生 1000 米、女生 800 米跑项目。有教育部门还要求，学校要引导学生对体育中考项目进行合理、科学的选择和专项训练，避免过早开展中长跑等高强度、高负荷的运动项目。

（红星新闻 2023 年 2 月 5 日）

2. 新闻评论实例

▌体育中考取消长跑后学生该怎么动起来

春节过后，新学期即将开始，各地的体育中考也将陆续展开，相关项目是否调整或取消，成了公众高度关注的话题。近日，贵州省贵阳、遵义、六盘水、黔南等多个市州为此调整了体育中考项目，均取消了男生 1000 米、女生 800 米跑项目。此外，广东广州、河南郑州、四川资阳等地教育部门也回应，称将根据相关政策审慎决策，综合各方面因素科学研判，或根据疫情形势及时研判评估。

民有所呼，我有所应。3 年前，基于疫情常态化防控的考量，各地纷纷顺应民意取消了中考体育测试。而今，疫情虽然已经"转段"，但"阳康"后马上进行剧烈运动会发生缺氧，急性缺氧就可能导致人昏倒甚至猝死。有医生建议，"阳康"后三四个月内不要进行剧烈运动。

有鉴于此，在学生普遍阳过的情况下，有专家呼吁调整今年中考体育项目，一些人大代表、政协委员也提出了相应的建议。取消男生 1000 米、女生 800 米的跑步体测，避免了学生因为剧烈运动而导致的健康风险，能够最大程度保障学生生命健康，缓解了家长的焦虑情绪，彰显了人文关怀精神。不过，体育中考调整虽然是因时因势之举，却不意味着学生从此可以放松体育锻炼了。

生命在于运动。运动不仅可以强身健体，还有助于提升学习成绩。研究表明，运动时会产生多巴胺、血清素和肾上腺素，这些重要的神经传导物质都能够提升孩子的全方位状态。运动还能提高孩子的心肺功能、血管功能，改善新陈代谢水平，提高身体灵敏性和平衡能力，调节体脂，让孩子更有活力，学习起来更有效率、更加轻松。

身体是奋斗的本钱，没有强健的身体，其他的都难以实现。体育的重要性早已被公众熟知，但迫于升学的压力，现实中却常常面临被边缘化的尴尬境地。正是基于这种情况，才通过体育与升学直接挂钩的方式"倒逼"学生加强体育锻炼。考试不是目的，"以考促运动"实现强身健体、锤炼精神和培养热爱运动的良好习惯，才是旨归。从这个意义上讲，无论要不要进行体育中考测试，都应该积极进行体育锻炼，更何况只是相关项目的微调。

锻炼的目的不只是为了考试。体育中考测试项目有了调整，但学生和家长都应该深刻认识到体育锻炼不能松懈。当下，学校出于整体考量，有些体育活动可能一时难以放手开展，但个体完全可以因人而异适当跑起来，渐渐养成坚持运动的好习惯。

（《北京青年报》2023 年 2 月 7 日）

3. 实例解析

《北京青年报》这篇新闻评论结构完整，内容丰富。

第一段补充了新闻背景信息，扩充内容后展开新闻叙述。第二、三段揭示了取消中考体育测试的原因——"基于疫情常态化防控的考量"和"医生建议：'阳康'后三四个月内不要进行剧烈运动"，以及各专家学者提出的暂缓或取消体育测试的倡议。随后对这一举措给予肯定——"保障学生生命健康，缓解了家长的焦虑情绪，彰显了人文关怀精神"，同时给出延伸观点——"不意味着学生从此可以放松体育锻炼"。第四、五、六段着重强调加强体育锻炼的好处与必要性，同时交代学生迫于升学压力，没有时间进行体育锻炼，之前的"以考促运动"是能让学生强身健体、培养学生热爱运动的良好习惯的有效方法，进而说明评述主旨——体育中考取消长跑后学生也应该动起来。

实践训练

一、新闻叙述训练

训练要求：在原有新闻材料基础之上，重新整合新闻信息，掌握新闻事件中的基本要素，补充相应背景信息并叙述新闻事件。叙述新闻事件时语言要简洁、流畅、生动。

1. "造热点""蹭热点""带节奏"——谁是网络谣言的幕后推手？

编造传播虚假信息"造热点""蹭热点""带节奏"，炒作敏感案事件进行引流牟利；开设假冒媒体网站和自媒体账号，打着"舆论监督"等旗号，实施敲诈勒索……这些行为被公安机关严厉打击。公安部 21 日在京召开新闻发布会，通报开展网络谣言打击整治专项行动 100 天举措成效。行动期间，全国公安机关共侦办案件 2300 余起，整治互联网平台企业近 8000 家（次），依法关停违法违规账号 2.1 万余个，清理网络谣言信息 70.5 万余条，有效净化网络生态。

（新华网 2023 年 7 月 21 日）

2. 高温之下，如何更好保护劳动者？

入夏以来，多地持续高温，一些地方最高气温甚至突破历史极值。建筑工人、环卫工人、外卖小哥等一些户外劳动者冒酷暑、战热浪，坚守在工作一线，他们的健康安全状况广受关注。

（新华网 2023 年 7 月 18 日）

3. 政策加码稳就业

近日，多地密集出台促就业政策加力惠民生。据"新华视点"记者梳理，6 月底至今，陕西、江苏、四川等省份专门召开就业工作推进会；北京、黑龙江、河南等十余地推出优化调整稳就业一揽子政策。各地快马加鞭、集中发力，释放稳就业，特别是稳高校毕业生等青年就业的积极信号，为下半年推动就业形势持续改善提供重要支撑。

（新华网 2023 年 7 月 14 日）

4. 坚定不移地进行生态文明建设

近年来，我国生态保护修复工程取得巨大成就。在国新办 7 月份的新闻发布会中，自然资源部就"建设人与自然和谐共生的现代化"情况进行了详细的介绍。当前，我国已围绕青藏高原生态屏障区、黄河重点生态区、长江重点生态区、东北森林带、北方防沙带、南方丘陵山地带、海岸带等"三区四带"，统筹部署了 51 个山水林田湖草沙一体化保护和修复工程，累计完成治理面积8000 万亩。

（人民网—观点频道 2023 年 7 月 20 日）

5. "自媒体"岂是随心所欲的"自留地"

突飞猛进的"自媒体"，绝不是放任自流的地方。近日，中央网信办发布《关于加强"自媒体"管理的通知》，从 13 个方面对加强"自媒体"管理、压实网站平台信息内容管理主体责任、推动形成良好网络舆论生态提出了明确要求，剑指"自媒体"乱象，可谓条条回应期待、击中要害。

（人民网—观点频道 2023 年 7 月 11 日）

6. 买冷饮成买冰块？我的饮品我做不了主？

据近日央视报道，多家知名饮品店的冷饮中冰块含量过多，饮用体验变差，不同品牌、同一品牌不同店铺的冰块含量标准不统一，且冰块大小不一、形状各异。有的饮品店还拒绝顾客的"去冰"要求，甚至标注"温度不可调整"，还声称是为保证饮品口感，这令不少消费者感到困惑。一杯饮料只喝了两三口便发现杯中已全是冰块，这样的体验恐怕很难令消费者满意，也容易给人以偷工减料之感。饮料加冰，确实能让饮品快速降温并保持较长时间的低温状态，但每个人对冷饮之"冷"的定义和接受度不尽相同，加不加冰、加多少冰，消费者应该是有自主选择权和知情权的。

（新华网 2023 年 8 月 31 日）

7. 办好小食堂，托举大民生

上午 10 点半，浙江省杭州市西湖区北山街道幸福餐厅，居住在附近的老年人早早前来就餐。等到中午 12 点左右，在周边上班的年轻人陆续到来，打菜窗口前又排起长队。一段时间以来，在北京市、上海市、浙江省杭州市等地，社区食堂逐渐走红，不只老年人，附近的年轻居民也逐渐成为消费者。

今年7月，商务部等13部门制定的《全面推进城市一刻钟便民生活圈建设三年行动计划（2023—2025）》明确提出，探索发展社区食堂，建立老年人助餐服务网络。数据显示，全国目前存续在业状态的各类社区食堂经营主体达6700余家。

（《人民日报》2023年8月31日）

8. 街区旧貌换新颜　提升居住幸福感

升级基础设施、改造老旧小区；排查消防隐患、保障居民安全；挖掘存量资源、打造创意街区……主题教育开展以来，黑龙江省聚焦城市基础设施改造，办好民生实事。记者在哈尔滨市走访发现，随着各项举措的实施，城市面貌改变、居住条件改善，群众的生活更方便、更舒心、更美好。

红墙绿树、长椅风车，短短80米的"涂鸦"墙前，人们摆出各种姿势拍照打卡。不少市民和游客慕名而来，对黑龙江省哈尔滨市香坊区红旗街道"网红墙"赞不绝口。"昔日，这个区域是臭气熏天、居民避之不及的垃圾转运点。"珠江社区负责人林杉说。改变垃圾清运方式，拆除破损墙体重新修筑，组织居民对墙体艺术彩绘，如今，这个垃圾点变身打卡地。"墙还是那面墙，但周边干净了，艺术品位提上去了，就不一样了，我们这些老居民瞅着也高兴！"珠江社区居民王艳感叹。

（《人民日报》2023年9月1日）

9. 事关按摩座椅经营服务问题，泰安站被通报批评

国铁集团官方公众号发文称，铁路部门通报批评了高铁泰安站存在按摩椅经营服务问题，并要求各地火车站举一反三，认真查摆整改问题，确保多功能候车座椅状态良好、经营规范，最大限度为旅客候车提供普惠性和差异化优质服务。

（人民网－观点频道2023年8月13日）

10. 相亲还是诈骗——部分网络婚恋交友平台陷阱重重

当前，互联网婚恋交友平台因能够提供快捷、便利相亲服务，市场规模越来越大。在手机应用商店，婚恋交友类App数量极多，不少下载量在千万以上。记者调查发现，这类App鱼龙混杂，有的存在大量虚假账号，一些不法分子藏身其中，以相亲为名实施诈骗，给用户带来精神和经济损失。记者了解

到，一些互联网婚恋交友平台套路多多，"婚托""酒托""饭托"层出不穷，甚至成为诈骗分子的"栖息地"。

（《北京日报》2023 年 3 月 21 日）

二、新闻观点提炼训练

训练要求：认真阅读下面的新闻材料，提炼观点，列举可以从哪些角度展开新闻评述，补充可以佐证观点的证明事例。要求论点正确、论据充分、论证有力。

1. 莫让"注水剧"透支观众的期待

"注水剧"即被人为拉长剧情的作品，涉及内容生产、制作、播出等多个环节，大致分为几种情况。一是人物设定喧宾夺主。剧中配角戏份过多，甚至超过主角，这虽能使次要形象更加生动饱满，却背离了"配角之戏在精不在多"的创作规律，更导致主角与配角之间界限模糊，带来主线故事不够明朗、支线故事太过庞杂等问题。二是故事情节弃简就繁。有些剧集故意用拖慢动作节奏、废话当台词等方式拉长剧情，抑或"戏不够情来凑"，陷入循环往复的套路中无法自拔，稀释剧集应有的情节黏度和叙事张力，给人节奏缓慢、生拉硬扯、索然无趣的印象。三是制播方式花招频现。通过空镜头、回忆镜头等形式对同一素材进行反复剪辑利用，或增加前情提要、先导预告时长，或把剧集拆分成几季分别播出。这些"注水"手段，潜藏于作品制播过程中，实施起来更为隐秘便捷。凡此种种，使很多原本有望成为精品的剧集沦为"注水"生产线上的工业产品，虽有"其表"却败絮"其中"，极尽"鸿篇"却难成"巨制"。

（《光明日报》2023 年 10 月 11 日）

2. 露营休闲，安全文明不能忘

露营赏景，安全先行。参加露营活动，安全意识必须放在首位。去年 8 月，四川省彭州市龙门山镇龙漕沟突发山洪，致多人死伤。龙漕沟本属于地质灾害点位，易发生泥石流、山洪等自然灾害，却在一些平台被标注为"景点"，成为不少人眼中的"网红露营打卡地"。类似事件，值得我们警醒。对露营者而言，帐篷露营地应选择在安全区域，远离森林防火区、防洪区、地质灾害易发区、饮用水水源保护区和野生动物生息繁衍区，并严格遵守户外用火、森林防火和环境卫生等有关规定。同时，还应提高防灾避灾意识，提前了解天气情况，时刻关注安全风险预警和提示信息，做好防雾、防雹、防雷电等方面准备。只有严格遵守各地安全管理规定，筑牢安全底线，才能更好地纵情山水，享受自然之美、露营之乐。

（《人民日报》2023 年 10 月 10 日）

3. 北京新增千余个电子探头　精准抓拍"分心驾驶"

记者从北京公安交管部门了解到，日前，北京全市新增 1089 个监控探头，其中近半数可查处"分心驾驶"违法。本次新增探头首次升级 AI 智能技术，将实现非现场执法抓拍更加精准，提高非现场执法工作效率。在拍摄的一组组照片中可以清楚地看出，有的驾驶人开车时不系安全带，有的则在开车时接打手提电话。这些交通违法行为的抓拍照片，都是由北京公安交管部门安装的监控探头使用最新 AI 识别捕获技术生成的。

（央视新闻 2023 年 3 月 20 日）

4. 四川理塘：传承藏地文化　发展民俗旅游

近年来，四川甘孜藏族自治州理塘县强化藏地文化保护，引导当地居民打造藏族文化旅游新项目，对符合申报条件的非遗工坊给予补助，吸引各地游客前来观赏交流。今年以来，理塘县已接待游客约 235 万人，旅游产业收入25.84 亿元。

（新华网 2023 年 10 月 11 日）

5. 第 51 次《中国互联网络发展状况统计报告》发布：我国网民规模达 10.67 亿

今年 3 月，中国互联网络信息中心发布第 51 次《中国互联网络发展状况统计报告》。数据显示，我国网民规模已达 10.67 亿，其中，手机网民规模为10.65 亿，网民中使用手机上网的比例为 99.8%。"人人手握麦克风"的现实背景中，信息发布越来越简单迅捷，也越来越令人感到真伪难辨。其中一个很重要的原因就在于，有些"网络水军"在兴风作浪，以炮制谣言为能事，以收割流量为乐事，四处散播蛊惑人心的虚假信息和有害信息。

（人民网－观点频道 2023 年 7 月 25 日）

6. 网络诚信建设高峰论坛在厦门举行

7月17日，以"网聚诚信力量 共享美好生活"为主题的2023年中国网络文明大会网络诚信建设高峰论坛举行。会上发布了《中国网络诚信发展报告2023》（以下简称《报告》）。《报告》显示，网民对2022年网络诚信建设状况满意率达84.24%，73%的网民认为2022年网络诚信状况比上年有所提升，我国网络诚信领域向上向善形势更加巩固。人无信不立，业无信不兴。网络诚信是互联网高质量发展的基石。对于一个互联网大国来说，培育诚信因子，加强网络诚信建设，不是选择题，而是必答题。

（人民网－观点频道2023年7月19日）

7. 文旅部：今年暑期国内旅游人数18.39亿人次

根据中国旅游研究院的数据显示，今年暑期全国国内旅游人数达18.39亿人次，占全年国内旅游出游人数的28.1%；实现国内旅游收入1.21万亿元；约占全年国内旅游收入的28.7%，多数目的地接待游客人数达到历史最高水平。此外，今年暑期，出入境流量也大幅增加。据国家移民管理局统计，暑期全国边检机关共查验出入境人员超过8200万人次。

（央视网2023年9月1日）

8. 未成年人入住民宿 如何保障"少年游"安全？

电竞酒店、民宿等新兴产业，为大家休闲娱乐和出行提供便利，但由于管理存在难点，极易导致单独入住的未成年人误入歧途或受到侵害。

如何保障"少年游"安全？近日，《法治日报》记者与检察官一起走访新疆乌鲁木齐市部分电竞酒店、民宿，了解相关情况。

在某电竞酒店入口处，记者没有见到未成年人禁止入内的标志。但该电竞酒店老板李某强调，酒店不接待未成年人，"前台查验身份后，我们才会让客人进房间，为预防未成年人进入酒店，我们会不定时检查客房，发现入住人有变化，会及时处理"。

（《法治日报》2023年10月10日）

9. 大学生见义勇为溺亡，家属起诉被救者

大学生陆某实习期间与四名工友去溪边游玩，两名工友落水遇险，陆某为救人不幸身亡，家属此后起诉工友要求赔偿——澎湃新闻3月20日从金华市

婺城法院获悉，该院日前判决获救工友王某、胡某分别补偿陆某家属经济损失6万元、2万元。

（澎湃新闻 2023 年 3 月 20 日）

10. 暑期文旅消费活力四射 消费动能持续释放

暑期即将收官，各项消费数据印证消费动能持续释放。各地剧院、剧场人气攀升，话剧、儿童剧掀起观演热潮，大型演唱会、音乐节带动旅游收入增长，沉浸式新业态新场景跑出"加速度"，不断释放文旅消费新活力。根据中国旅游研究院（文化和旅游部数据中心）预测，6月、7月、8月三个月国内旅游人数达 18.54 亿人次。暑期持续高温，让市民游客爱上"昼伏夜出"，"白天宅晚上逛"成为 2023 年暑期旅游市场的首要特点。

（央视网 2023 年 8 月 31 日）

三、新闻评述综合训练

训练要求：根据所提供的新闻材料，先提炼新闻观点，补充背景信息，列举可以从哪些角度展开评述，然后综合新闻叙述以及新闻评论要点，展开即兴评述。要求有述有评，评述结合，通过评述升华原报道的论题。评述时间为 3 分钟。

1. 高校微专业开始招生！"公务能力与公务员文化素养"专业单独编班

3月17日，西南大学历史文化学院发布《西南大学"公务能力与公务员文化素养"微专业招生简章》，引发关注。上述招生简章显示，西南大学"公务能力与公务员文化素养"微专业，系对标公务员和行政事业公务人员公开遴选所需核心知识而建设的应用型专业。该专业整合了历史学、民族学、文学、心理学、社会学、行政管理学等学科、专业的资源，通过公文写作、公务礼仪、行政能力测试与申论训练等课程系统培养学生就业核心竞争力和未来职业生涯的决胜力。

（光明网 2023 年 3 月 19 日）

2. 瓦工年薪 25 万仍招不到人，症结在哪里？

装修市场需求的阶段性激增，导致周期性"用工荒"出现。普通工种的用工短缺还可以想办法解决，一些需要经验和技能的技术工种却难以招到人。据媒体报道，目前装修市场上所有的工种里，瓦工最为紧缺。山西的王红伟干瓦工二十多年，他告诉记者，去年他挣了将近 20 万元，今年预计能挣 25 万元以上，虽然挣得不少，但却招不到徒弟。年纪小的都觉得这个活儿脏、累，另外学的时间周期长，正常也得一年半载。

（腾讯新闻 2023 年 3 月 18 日）

3. "只要不臭，都能继续用"，烤鱼店垃圾桶捞回餐食又端上桌

"只要不臭，都能继续用""搬的时候要用东西挡一下，不然顾客看到都是冻鱼，心里肯定不舒服"……据《新京报》报道，今年 2 月下旬至 3 月上旬，记者先后进入安徽合肥两家烤鱼门店卧底暗访，发现后厨使用的鱼类食材都是冷冻产品，很多鱼解冻后存放过期，仍被端上餐桌，甚至有餐厅领导要求"只要不臭，都能继续用"。最让记者震惊的一幕，是门店工作人员将已经倒入垃圾桶的涮肚捡回重新加工，再次端上顾客餐桌。

（中国青年网 2023 年 3 月 17 日）

4. 怒斥员工管理人员降为一线环卫工

日前，一段疑似某公司管理人员的黑衣男子开会时，对多名工作人员大发雷霆当场怒斥的视频在网上引起热议。3 月 20 日，据财联社消息，该黑衣男子为项目子公司管理人员，对个别员工工作态度不满意，导致在项目服务质量会议上产生语言争执，该公司目前已将此管理人员调整为一线环卫工人。

（搜狐新闻 2023 年 3 月 20 日）

5. 把蔬菜大棚"搬"上山坡　产区探索新模式保障"菜篮子"供应

眼下，全国正在进行蔬菜春播。为了保障"菜篮子"稳定供应，今年各蔬菜产区探索了不少新办法，向山地要种植面积、向新技术要单产。

这几天，在江西省金溪县，3000 多亩种在山上的蔬菜，迎来今年第一茬的大面积栽播。在荒坡山地上种蔬菜，这是当地发展蔬菜产业的全新探索。为了既能守住耕地红线确保粮食安全，又能发展壮大蔬菜产业，从去年开始，当地将可以利用的荒山充分流转，对于签订了正式合同的标准示范棚基地，由政府出资建设水、电、路等基础设施，经过两年多建设，已将 3000 余亩荒山打造成高标准蔬菜基地，成功地把蔬菜大棚"搬"上山坡。

（央视网 2023 年 3 月 19 日）

6. 家用电器为何常常"修不如换"?

躺在全自动按摩椅中，看一场家用投影仪投出的大屏电影，一旁的多功能养生壶正咕嘟嘟冒着热气，不远处的烤箱已飘出香气……有人说，当代人的品质生活是家用电器"给"的。然而，记者调查发现，不少消费者却常常面临家用电器维修难题，维修价格不透明、维修质量难保证、行业标准规范不完善等，让不少消费者对家电维修"望而却步"，往往导致"修不如换"现象出现。

(新华社 2023 年 3 月 14 日)

7. 北京：告别烟火弥漫，这个清明节更"清明"!

今年的清明节可以用"名副其实"形容。经过一场春雨，北京的空气像洗过一样清新。在绿色文明祭扫的大力倡导下，越来越多的市民用鲜花代替香烛纸钱，告别了"烟火弥漫"，让清明节更加"清明"。

(《北京日报》2023 年 4 月 5 日)

8. 低俗内容、谣言、网络暴力……这些自媒体乱象如何解?

在这个"万物皆媒"的全媒体时代，"自媒体"凭借其互动强、更新快、传播广等特点，吸引了大量用户。然而，随着发展速度加快，一些"自媒体"通过蹭炒热点、"标题党"、编造虚假事件等吸引眼球、博取流量，滋生不少虚假、有害信息。这不仅对网友造成不良影响，还扰乱了网络空间的秩序，亟须加以整治。

(《人民日报》2023 年 3 月 14 日)

9. 风景成"彩礼"! 百对新人在张家界举办集体婚礼

3 月 19 日，湖南省第四届国潮集体婚礼在张家界武陵源举行。100 对新人在奇峰秀水的见证下缔结良缘，通过夫妻对拜、执手盟誓、共吃 5.2 米长辣条等仪式，许下对相守一生的庄严承诺。活动旨在倡导婚礼新办简办，抵制天价彩礼，传递正确的婚恋观和价值观。

(中国新闻网 2023 年 3 月 19 日)

10. 把老公送进"男德班"

2022 年下半年以来，社会学博士、性别学者方刚在网上发布招募第二届"男德班"的城市带领者和学员。经过前期三个月对来自三座城市的 9 位带领者的线上培训，2023年2月底，"男德班"工作坊在北京正式开启。现实生活中，各地的"女德班""好女子讲习班"总有市场，它们教导女人如何成为一个好妻子、好妈妈、好媳妇，获得五福临门的人生。女性独特的个体身份、丰富的生命情态被忽略和折叠。"男德班"教什么？来自各行各业的9位男士，高矮、胖瘦、老少都有，尝试在这个培训班上挣脱男性气质焦虑，治疗自己的"爹味"。

（《新周刊》2023年3月20日）

11. 第三届北京花朝汉服文化节开幕

穿汉服、赏国风舞蹈、游花海……4月5日至9日，第三届北京花朝汉服文化节在世界花卉大观园开启。5万平方米的赏花面积，结合100多项传统文化节目、2000多种国风商品展示，让广大市民可以尽情赏古风舞蹈、听国风歌曲、玩古风游戏、逛汉风市集、看汉服巡游、赛国风运动会、品汉风形制展，开启古风沉浸式体验，共襄花朝盛宴。

（人民网2023年4月6日）

12. 第七届全国残疾人职业技能大赛暨第四届全国残疾人展能节在山东济南开幕

近日，第七届全国残疾人职业技能大赛暨第四届全国残疾人展能节在济南开幕。相比上一届，本届大赛新增了网络信息安全、服装配饰设计、无人机操控、电气安装、3D打印、西式烹调师、美甲、家政服务、互联网营销等9个项目，方便残疾人在更多领域进行技能比拼和展示。

（人民网2023年6月30日）

13. 科学填报志愿   完成高考"最后一搏"

高考是一场持久战。考前的长期准备，考时的集中攻坚，考后的志愿填报，每个环节都不可放松。时下，考生走出考场，但志愿填报的另一场考试业已启动。如何选高校、如何报专业，对于开启大学生活至关重要，也成为学生家长最为关心的问题。

（人民网2023年6月21日）

14. 家长吐槽老师让学生帮拿2杯奶茶，小题大做，用心险恶

3月16日，一则"辽宁大连家长吐槽某小学老师点奶茶让学生去拿"的视频在网上流传。视频发布者称，已不是第一次看见这个学生在门口拿外卖，

上次的外卖是披萨，这次是两杯奶茶。沙河口区教育局工作人员称，他们已经注意到网络信息，正在了解情况。

（搜狐新闻 2023 年 3 月 19 日）

15. 只会一种表达容易吃亏

最近发现，有些"00 后"打字聊天的时候会在一句话后习惯性地加上括号，把内心活动或者话外之意同时打出来（就有点像这种）。那种补充，类似话剧里的人物把内心戏以台词的形式同时讲出来，然后再加上各种各样的表情包，使文本读起来更加丰富，有漫画感。

（《北京青年报》2023 年 3 月 14 日）

16. 节前宠物寄养需求升温，部分宠物店寄养价格上涨

新春临近，不少游子已迫不及待地踏上返乡的旅程。当"第一批胆敢带狗回老家的人，已经被狗遛疯了"登上热门话题的同时，也有不少人选择在工作的城市中，将自己的爱宠寄养到宠物店，以免宠物在春节假期"独守空房"。宠物寄养业务逢年过节涨价已是常态，然而今年宠物寄养、上门喂养等相关服务的价格要比往年春节更高一些。

（中国新闻网 2023 年 1 月 17 日）

17. 免费锅底没了，海底捞格局变小了？

曾经的海底捞有多"大方"不必多说，免费美甲、免费擦皮鞋、免费照片打印、免费零食水果和游戏，甚至还有免费看娃陪玩服务。不过最近，海底捞却凭借着"抠门"屡上微博热搜：最近一次是海底捞推出新规，必须付费点一个锅底才能下单，从此免费清水锅底成为历史。前一次则是近一个月前，海底捞新规禁止了自带食材用餐，从此想用菜市场超市的食材成本享受餐厅服务，也成了历史。这些举措势必都变相提高了消费者的客单价，一向大方的海底捞，怎么开始抠门了？针对"必须点锅底"，海底捞回应称是为了更好的用餐体验，锅底可谓火锅的灵魂所在。针对"禁止自带菜"，海底捞则回应称是为了避免食品安全问题。

（搜狐新闻 2023 年 3 月 19 日）

18. 限制过度包装！茶叶包装层数拟调整为"不超过三层"

工业和信息化部近日面向社会公开征求对《限制商品过度包装要求 食品

和化妆品》强制性国家标准第 2 号修改单（征求意见稿）（以下简称《修改单》）的意见。《修改单》重点拟对包装层数、包装成本、空间系数等方面进行进一步调整。拟将茶叶包装层数由"不超过四层"调整为"不超过三层"。

（新华网 2023 年 8 月 31 日）

19. 刺痛神经的"雪糕刺客"，凭什么这么贵？

"去超市别拿不认识的雪糕""潜伏在便利店冰柜里的雪糕刺客""谁在为几十元的冰激凌买单"……高价冰激凌话题近期频频登上热搜，表达出消费者的"冷饮焦虑"。记者近日走访市场发现，5 元以下冷饮在连锁便利店已难寻觅，10 元以上产品占据半壁江山。"雪糕刺客"埋伏在冰柜里，随时准备给那些随手拿去结账的人一记痛击。

（《新京报》2022 年 6 月 22 日）

20. 承德避暑山庄 17 处园中园遗址原貌实现数字化复原

进入河北承德避暑山庄镜湖中心的戒得堂景点，绿树掩映下的四合院清秀典雅，蜿蜒的长廊中藏着朵朵荷花，几只蜻蜓飞来，打破一池宁静……这一幕如真似幻的场景是承德避暑山庄景区通过数字化技术将景点还原，让游客穿越数百年看到了如今已不复存在的画面。记者了解到，这次展览通过 VR 虚拟现实复原等多种数字化表现形式，对避暑山庄 17 处园中园遗址历史原貌复原研究成果进行阶段性展示。这也是近年来承德避暑山庄景点数字化复原工作的一个缩影。

（光明网 2023 年 3 月 21 日）

21. 以系统观念加强和创新社会治理

党的二十大报告提出，健全共建共治共享的社会治理制度，提升社会治理效能。加强和改进乡村治理是全面推进乡村振兴、建设宜居宜业和美乡村的内在要求。作为一项复杂的系统工程，乡村治理牵涉面广，与人民群众利益息息相关，须坚持问题导向，把专项治理和系统治理、综合治理、依法治理、源头治理结合起来，持续推进乡村治理体系创新，走乡村善治之路。

（光明网 2023 年 9 月 22 日）

22. "取消英语四六级与学位挂钩"？西安交大回应：属实！

近日，网传西安交通大学教务处发布通知，学校不再将大学英语四六级考试、校内英语水平考试等成绩作为本科生毕业及学士学位授予条件。没想到，却在网络上引发不小的争论。

赞成者有之，见怪不怪道"早就有学校不再挂钩了"。然而，亦有人跟风炒作，别有用心称所谓"打响脱钩第一枪""一个时代结束了"。

（《南方日报》2023 年 9 月 22 日）

23. 诚信经营是国货最好的广告

据《中国经济周刊》9 月 18 日报道，近日，国货抱团出圈，国产洗护品牌活力 28 直播间购买的网友扎堆。9 月 17 日，该厂方负责人接受媒体采访时称，最近发货清点时发现约 23 万单洗衣粉价格多卖了 10 元，其中 5 公斤 39.9 元和 3 公斤 29.9 元，调整后改为 5 公斤 29.9 元和 3 公斤 19.9 元，会陆续把差价退还消费者，23 万单共计 230 万元。

我们喜见老牌国货火爆出圈，迎来久违的高光时刻。不过，也许是忙中出错，活力 28 直播间卖货时标错了价格，因此多收了钱，于是厂商赶紧发声明表示退差价。这一做法再次激起网友的好感，纷纷为之点赞，还有不少人声称不需要退钱。

（《工人日报》2023 年 9 月 22 日）

24. 事关未成年人！广东拟作新规

近日，《广东省预防未成年人犯罪条例（修订草案修改稿征求意见稿）》，向社会各界公开征求意见。其中，第 38 条"学校周边营业限制"引发广泛关注。

第 38 条提出，"中小学校周边二百米范围内不得设立互联网上网服务营业场所、营业性歌舞娱乐场所、营业性游艺娱乐场所以及其他法律法规规定未成年人不宜进入的场所"。

（《南方日报》2023 年 9 月 20 日）

25. 疑问：班主任非得由主科老师担任吗？

班主任一定得由主课老师担任吗？随着新学期的到来，不少中小学班级悄然发生新变化——身怀运动技能的体育老师当上了班主任。近日却有家长在网络上发帖诉苦，表示这一变化"让她很惶恐"，相关话题随即登上热搜榜。

（《南方日报》2023 年 9 月 8 日）

第三节　新闻图片评述

媒介融合背景下，"读图时代"到来，真实客观、思想深邃的优质新闻图片不仅满足了受众对新闻价值和事实真相的需求，还在传播过程中彰显出独特的传播价值和社会影响力。

新闻评论节目、新闻访谈节目、新闻调查节目均可以借助新闻图片丰富节目的内涵与形式，有时围绕一张或一组新闻图片可以展开一整期内容的讨论。新闻图片内容相对抽象，需要提炼重点信息，主持人在节目中围绕新闻图片展开即兴评述时，要兼顾新闻图片讲解者、新闻图片评论者的双重身份。

理论概要

一、新闻图片的讲解内容及分类

对新闻图片内容进行讲解是新闻图片评述必不可少的一环，图片内容讲解得是否真实、清楚、恰当，直接关系和影响到评论的角度和深度。值得注意的是，这里所说的"讲解"与旅游景区、博物馆、文化馆等展馆、商品展销等活动所需要的专职讲解员有所不同。

（一）新闻图片的讲解内容

专职讲解员需要介绍景物或是所陈列物品的外观、样貌、特点及背景、出处等，讲解的内容有特定的领域和范畴，专业性更强。主持人在节目中对新闻图片进行讲解需要真实、准确、客观地反映图片中的信息。专职讲解员讲解的最终目的是向受众传递专业知识，让受众对景物或所陈列的物品有更加深入的了解。主持人对图片讲解的最终目的是通过对内容的表达，引导受众按照既定的思路逐层深入思考问题，传播正确的舆论导向。

（二）新闻图片的分类

1. 新闻照片

新闻照片指能够真实、客观、形象地报道和反映新近发生事实的摄影作品。新闻照片有新闻单幅照片和新闻组图两类。单幅照片通常是捕捉画面瞬间，通过角度、构图、光线等内容展现新闻人物的某些特点或者展现新闻事件内涵。新闻组图是为了表现场景、环境、人物动作、表情、事件进展等变化的成组照片，多角度、连续性对新闻事件进行报道，让受众对新闻本身有更加丰富和更为全面的了解。

2. 新闻漫画

漫画是用简单却又夸张的手法来表现生活的一种艺术形式。新闻漫画则是通过漫画的方式展现新闻事件本身及其内涵，通常运用比喻、暗示、象征、影射或变形等方式，达到揭露现实、讽刺、批判或赞扬的目的。

二、新闻图片评述的要求

（一）准确性

在对新闻图片内容进行评论时，主持人要真实、客观、准确，不随意增添图片上没有体现的内容，或是评论与图片信息关联不大的内容。当新闻图片主题鲜明时，可以根据图片整体展开评论。当新闻图片中包含多个关键信息时，可以抓住关键点，逐一将信息整合后展开评论。如果是新闻组图，可以按照新闻事件发展的时间顺序进行评论。如果新闻图片展现的是政策法规类，需要结合时代背景、社会背景及行业现状，探讨颁布相关政策法规的原因、必要性并分析颁布政策法规的重要意义及深远影响。如果是社会新闻，可以多从贴近百姓生活的角度展开探讨。

（二）细致性

根据不同的讲解顺序和评述目的，主持人在对图片内容进行评论时，有时未必能面面俱到，但要尽可能细致，分清主次，懂得取舍。

（三）全面性

在评述新闻图片时，主持人要全方位、多角度对图片内容进行分析，除了图片本身所展示的内容，还应该将提炼出来的信息融入时代背景、社会背景、政策背景中去考量。

三、新闻图片讲解的注意事项

第一，要讲清楚图片中的关键要素，如人物、事物、场景，进而需要分析新闻图片所呈现的现象、揭示的原理及其所蕴藏的深层含义。

第二，新闻图片讲解可以适当运用比喻、拟人等修辞手法，将新闻图片内容形象生动地描述出来，再对整体内容进行归纳、总结、分析。

第三，新闻图片讲解的形式多样，可以从构图角度来分析图片内容，也可以抓住图片中某一特定人物、事物，或是抓住图片细节来揭示要点。单幅图片要注意主体内容的位置及分布，组图要注意事件发展的时间顺序。

第四，新闻图片讲解的语言可以朴素、简洁，便于受众接受和理解讲解内容，但要注意不能平淡、枯燥；也可以风趣、诙谐，便于引起受众兴趣，加深对讲解内容的印象，引发心理共鸣，但要注意调侃适度。

四、新闻图片评述实例分析

1. 新闻图片

张桂梅照片（来源：新华社）

2. 新闻图片评述实例

用全部的生命教书育人

最近，张桂梅校长频频登上"热搜"。从《感动中国》颁奖典礼上那双贴满膏药的手，到她 17 岁和 64 岁的对比照刷屏网络，人们关注她、赞颂她、心疼她，为她从青春年少到花甲之年的坚守而动容，向她"燃烧自己，烛照他人"的精神而致敬。

扶贫先扶志，扶贫必扶智。对山区贫困面貌有着切身体会的张桂梅，深深懂得，只有教育才是斩断穷根的根本途径。看到"一些女生读着读着就不见了"，她深感痛心，下决心要让每个想读书的女孩都有接受教育的机会。为此，她克服重重困难坚持筹办华坪女高，不设门槛、不收学费，只希望用知识改变贫困山区女孩的命运，通过教育阻断贫困的代际传递。没有子女，没有财产，张桂梅用全部的生命教书育人，如今她身患多种疾病，却依然不肯把时间留给自己，因为在她的价值排序里，"豁出命改变她们的命，值！"

从青春靓丽、笑靥如花，到苍老憔悴、满身伤病，张桂梅将最好的青春年华献给了山区的教育事业。从"大山的女儿"，到孩子们口中的"张妈妈"，她将全部心血倾注在孩子身上，更将自立自强的种子播撒在她们心中。在华坪女高，有这样一段震撼人心的誓词："我生来就是高山而非溪流，我欲于群峰之巅俯视平庸的沟壑。我生来就是人杰而非草芥，我站在伟人之肩藐视卑微的懦夫！"正是这样的誓言，激励着许多家境贫寒的山区女孩，不认命、不服输，走出山区，看见更广阔的世界。

教育扶贫改变的是人，而且是几代人。从扎根大山的"燃灯者"张桂梅，到"一生只为一事来"的支月英，从用一根扁担挑起山乡希望的张玉滚，到多年在悬崖天梯上接送学生的李桂林、陆建芬夫妇……正是许许多多像他们一样的乡村教师，用坚韧和奉献托举起大山孩子的梦想，为一个个贫困家庭带去希望，更为打赢脱贫攻坚战贡献了力量。决心"战斗到我最后那一口气"的张桂梅宛如一座灯塔，激励着更多教育工作者在筑梦之路上坚守初心、点亮他人。

（《人民日报》2021 年 3 月 31 日）

3. 实例解析

这则新闻图片评述将主人公还原到社会背景中，深入挖掘人物事迹，内容丰富、语言平实，论证层层递进，富有层次感。

对于张桂梅的事迹大家都有所了解，评论开篇以"热搜"和《感动中国》颁奖典礼为线索，以张桂梅 17 岁和 64 岁的对比照片为载体，直切新闻要点。

中间论述部分内容丰富，注重细节描绘，语言生动，直指人心。

评述的最后一段列举了如张桂梅一般为山村教育事业默默奉献着的人们，正是他们，为一个个贫困家庭带去希望，更为打赢脱贫攻坚战贡献了力量。从张桂梅的事例升华到更多的教育工作者，以小见大，从个体到整体，对整篇评论内容进行了升华和总结。

实践训练

一、新闻图片评述

训练提示：根据下面新闻图片进行 3 分钟的即兴评述。认真观察图片内容，联系社会背景进行分析，遵循图片内容实际，不过分解读图片信息。要求对图片的描述清晰准确，表达富有层次，语言生动流畅。

1. 皮影传承人

甘肃省平凉市泾川县高崖南头村吴家皮影戏第 13 代传人、68 岁的吴成成在演出。

来源：中国图片网

2. 了不起的平凡人

3 月 24 日中午，雨后初晴，在广西梧州市藤县埌南镇莫埌村东航坠机事故核心区域附近，广西消防救援总队、武警广西总队、梧州军分区、公安机关共组织调集 1618 人，划分区域开展搜寻救援工作。

来源：人民网－广西频道

3. 冷

驻守在祖国最北端黑龙江省漠河县北极村的武警官兵冒着－35℃左右的严寒，进行徒步拉练。因为天气寒冷，官兵的帽子、面罩、手套上都凝结了一层厚厚的冰霜。

来源：中国图片网

4. 诺奖获得者屠呦呦

2015 年 12 月 7 日，诺贝尔生理学或医学奖得主、中国科学家屠呦呦在瑞典卡罗林斯卡医学院用中文做主题演讲。

来源：中国图片网

5. 冬捕

查干湖第 22 届冰雪渔猎文化旅游节在吉林松原查干湖冰面上启幕。活动现场，来自全国各地的游客相聚观赏冬捕盛况，感受冰湖腾鱼的丰收喜悦。

来源：新华社

二、新闻漫画评述

训练提示：根据下面的新闻漫画进行 3 分钟的即兴评述。认真观察漫画内容，深入挖掘漫画的内涵，结合一定的社会背景进行分析，做到言之有物、言之有理、言之有趣。

1. 攻坚

2023 届高校毕业生离校在即，毕业生就业工作进入冲刺期。人力资源社会保障部近日启动 2023 年高校毕业生等青年就业服务攻坚行动，部署结对帮扶、密集招聘等一系列务实举措，助力未就业毕业生和失业青年强信心、早就业。

来源：新华社

2. 良言相劝

厦门海翔大道附近公路树立"被撞就死翘翘"等另类警示牌，当地安监站称设牌是为了警示不遵守交通规则横穿马路的行人。警示语，你就别搞怪了，还是礼貌些好。

来源：《北京晚报》

3. 移动"烟囱"

随着公众健康意识的不断提高，控烟已经成为社会各界的共识。但马路上依然有移动的"小烟囱"，在自己冒烟过瘾的时候，也要考虑一下后面的人。

来源：《北京日报》

4. "早锻炼"

培养智商还不够，不少针对少年儿童的"情商培训班"逐渐受到家长追捧，不满周岁的孩子就可报名。早点让孩子练起来，爸爸放心、妈妈安心？

来源：《北京日报》

5．六部门专项治理未成年人网络环境

为营造良好安全的未成年人网络环境，教育部、国家新闻出版署、中央网信办等六部门联合下发通知，启动未成年人网络环境专项治理行动，集中整治未成年人沉迷网络问题，加大涉及未成年人不良网络社交行为和现象的治理力度，对于学习教育类网站平台和其他网站的网课学习等推送网络游戏、低俗小说、娱乐直播等与学习无关的信息等问题也将重点治理。

来源：多彩贵州网

本章思考题

1. 如何理解即兴评述中"述"与"评"的关系?

2. 如何提高自己的新闻素养?

3. 新闻材料评述与新闻图片评述在评述方法上有哪些异同?

4. 如何在话题类评述中凸显个性又能有共性表达?

5. 如何形成属于自己的评述风格?

拓展阅读

央视网 | 《新闻1+1》

央视网 | 《新闻周刊》

央视网 | 《面对面》

央视网 | 《新闻调查》

央视网 | 《环球视线》

央视网 | 《焦点访谈》

第五章　即兴主持

1. 掌握不同节目类型的概念和范畴。
2. 详细掌握即兴主持的基本技巧。
3. 熟练掌握新闻节目即兴主持的技巧和方式。
4. 熟练掌握文艺节目即兴主持的技巧和方式。
5. 能完成其他类型节目的即兴主持。

主持人是通过直接平等的交流方式推动节目进程，体现节目意图的人。主持人不是表演者，也不是稿件的播报者，主要功能和作用是组织节目流程、串联板块内容、传达政策信息、服务受众需求。即兴主持的语言具有语言表达规范化、语言风格个性化等特点。

第一节　新闻节目即兴主持

理论概要

一、即兴主持的概念

主持人在主持节目过程中，依据事先准备好的脚本或主持词，根据现场实际情况临场应变，即兴组织语言，补充调整脚本或主持词，以达到更好的传播效果，或是在完全没有脚本和主持词的情况下，根据节目具体需要进行即兴言语生成的过程，我们称为即兴主持。

二、新闻节目即兴主持的概念

新闻节目是以播发消息为主，旨在迅速及时反映客观实际的重要发展变化，借以满足公众信息需求，引导社会舆论的节目类型。[①] 新闻节目主要包括新闻播报、"说新闻"节目、新闻评论、现场报道、新闻采访等多种形式，其中"说新闻"节目、新闻评论、现场报道等节目类型运用即兴主持的情况较多。

三、"说新闻"节目

（一）"说新闻"的概念

1998年4月1日，凤凰卫视开办了早间新闻资讯栏目《凤凰早班车》，主持人鲁豫在节目中以一种轻松的讲述方式将新闻内容传递给受众，不再采用程式化的新闻播报方式，自此"说新闻"这一全新的新闻信息传播形式就出现了。

"说新闻"节目内容多以民生新闻为主，主要关注老百姓的衣、食、住、行等日常生活，也包含社会新闻、娱乐新闻、体育新闻等内容。其特点是将官方、严肃、书面的新闻内容用口语化、生活化的播报语言表达，让受众更容易听懂、接受，拉近受众与节目的距离。主持人在对新闻信息进行加工、串联新闻、点评新闻等环节中，会对部分新闻内容进行简洁明了的点评。

（二）"说新闻"的技巧

"说新闻"是主持人将不同类型的新闻串联成有机整体的一种节目类型。"说新闻"是最能检验主持人的业务水平、专业能力的新闻传播形式，因为它需要较高的新闻敏感性、准确的新闻判断力，即对新闻信息辨识的能力，需要

---

① 王振业：《广播新闻与电视新闻》，武汉：武汉大学出版社，2001年版，第359页。

合理的知识结构，并具备良好的整体驾驭能力、出色的语言表述能力和非凡的记忆力。[①]

1. 了解新闻事件及背景

"说新闻"对新闻的选择非常重要，选择哪些新闻消息，这些新闻之间的内在联系是什么，都需要主持人对新闻内容有整体的把握。在新闻信息的加工过程中还可以链接新闻背景、介绍最新的事件进展等内容。"说新闻"前要充分了解具体的新闻事件及其背景，将新闻消息转化成生活化的语言，减少使用书面语，多用口语表达。

2. 根据新闻内容适当点评

"说新闻"属于新闻消息类节目。主持人不仅是节目的串联者，还需要通过短、平、快的方式对新闻进行适当点评，点评的观点要力求与受众的生活相近，也就是常说的"接地气"。需要注意的是，"说新闻"中的点评是以主持人的视角观照社会热点，而非专业评论员的长篇大论。

3. 语言架构简洁明了

"说新闻"过程中语言组织不要复杂，切忌为了寻找"说"和"聊"的状态而不断重复新闻事实和观点。新闻之间的串联主持可以多采用承上启下的语言，找到两条新闻的共同点或衔接点进行加工。

四、新闻评论节目即兴主持

(一) 新闻评论节目的概念

电视新闻评论节目主要是指综合应用各种不同的电视表现手段，包括音响、图像、文字等，对特定的新闻事实或新闻事件进行深度报道，并且从不同的角度针对报道中的相关内容进行一定的解释、分析预测或价值评判，使观众对该新闻事件有一个更加深入、全面的认识。[②]

---

① 应天常、王婷：《主持人即兴口语训练（第 3 版）》，北京：中国传媒大学出版社，2020 年版，第 23 页。

② 方汉奇：《中国新闻学之最》，北京：新华出版社，2005 年版，第 72 页。

（二）新闻评论节目即兴主持的技巧

1. 复述准确，重点突出

新闻评论时要准确地复述新闻事实，抓住新闻重点，提炼新闻中的关键信息，避免遗漏重要信息点。复述新闻时要遵循客观原则，不能将主观感受带到新闻复述中，影响新闻的真实性。

2. 评论客观，分析全面

新闻评述观点要客观且符合主流价值观，并能全面地围绕新闻事件进行评论，善于从不同角度分析新闻事件，用辩证的视角进行审视，不能以偏概全。

3. 注意用词，适度引用

评论时少说或不说"我认为""我觉得"，可引用专家、评论员或他人观点进行转述评论，但不得断章取义地转述，以免曲解新闻的原意。

4. 观点统一，层级分明

新闻评论可采用夹叙夹议的方式，但要注意观点的统一，观点不宜太多，评论要有逻辑性且层次分明。

五、现场报道

（一）现场报道的概念

现场报道是媒体人员置身于新闻现场，面对摄像机，以采访者、目击者和参与者的身份向观众描述新闻现场、叙述新闻事实、点评新闻事件，同时伴以图像报道的一种报道形式。现场报道分为录像型现场报道和直播型现场报道。[①]

现场报道是提升新闻节目纪实性和时效性的重要手段，既扩大了节目的信息量，也丰富了节目的形式。现场报道既要将新闻现场的实时情况第一时间传递给受众，又要兼顾链接新闻背景与适当点评新闻事件。

---

① 宋晓阳：《出镜记者现场报道指南》，北京：中国广播影视出版社，2008年版，第30页。

（二）现场报道的方法和技巧

虽然现场报道对记者的现场反应能力有很高的要求，但现场报道的部分元素是有章可循的。

1. 清楚明确地说出所在位置

在出镜报道时，明确地说出记者所处位置的目的是证明"我在新闻现场"。"位置"为出镜记者必须报道提供了理由，说明了出镜记者报道的必要性，是出镜记者的报道者身份的外在表现。记者在新闻现场从事出镜报道，清楚地使观众知晓地理位置成为新闻现场的暗示。

2. 选择典型环境作为出镜背景

出镜背景是记者在现场活动的画面标识，信息含量丰富的新闻现场背景会起到衬托、强化的作用，更为重要的是可以向受众展示实时变化的现场画面，使背景成为传达"映像信息"的载体。根据出镜记者的报道，出镜背景可以是固定画面，通常使用在静态报道中。动态报道要求出镜记者在现场有一定的活动空间，出镜背景由单一画面转变为多元画面。

3. 运用丰富多样的出镜形式

千篇一律的出镜形式会带来审美疲劳，鲜活、生动的出镜形式则会在第一时间吸引观众的注意力。虽然出镜记者的核心任务是在新闻现场传达新闻信息，然而，多样的出镜形式不仅丰富了受众的视觉环境，也为多点面信息的报道提供了画面支持。

4. 调动众多感官机能，弥补和丰富有声语言传达信息

出镜记者在现场利用自身的触觉、嗅觉、味觉将现场信息细化，将其他感官信息与新闻画面、有声语言三者相结合。面对现场、实物，出镜记者可以用摸、问、敲打、闻、尝等方法，弥补声画手段在传播新闻信息上的不足，使观众通过出镜记者的感官体验感受到新闻现场感的真实效果。

5. 与演播室播音员、节目主持人的交流

一次成功的现场报道，不仅仅需要出镜记者做好在新闻现场的诸多准备工作，还需要出镜记者推进现场报道进程，与在演播室里有可能不断提出各种问

题的播音员、节目主持人进行实时交流。

6. 与现场环境吻合的出镜记者仪态

出镜记者的仪态既涵盖镜头感，又包括服饰、神情、眼神等元素。在不同的新闻现场，出镜记者的仪态需要与所报道的新闻事件的环境相吻合。在时政新闻报道中，需要出镜记者身着正装，表情自然，语言表达上庄重大气。在灾害新闻报道中，出镜记者不能穿得太正式，甚至需要穿、戴一些特殊装备，如救生衣、口罩、手套等，这不仅可保证报道过程中的安全，还可以渲染现场气氛。

实践训练

一、"说新闻"语言表达训练

训练要求：对下列新闻进行"说新闻"训练。根据新闻内容查询相关背景资料，了解更多新闻背景信息内容后进行稿件创作练习。创作过程中要注意如何将新闻的书面语转化成"可听性"较强的口语表达。

1. 成渝地区双城经济圈建设全面提速

今天（6 月 29 日），成渝两地召开联席会议，密切两地在能源绿色低碳、特色消费品产业高质量协同发展、共建西部金融中心等方面合作。同时，还启动共建巴蜀文化旅游走廊活动，成渝地区双城经济圈建设全面提速。今年以来，两地实施共建成渝地区双城经济圈重大项目 160 个。

（《新闻联播》2022 年 6 月 29 日）

2. 全国铁路暑运今天启动

2022 年铁路暑运今天（7 月 1 日）启动，8 月 31 日结束，预计发送旅客 5.2 亿人次，高峰日发送旅客 1000 万人次。国铁集团将精准实施"一日一图"，适时增开旅客列车。通过动车组列车重联运行、普速旅客列车加挂车辆等方式增加运力投放。

（《新闻联播》2022 年 7 月 1 日）

3. 美国大城市道路枪击频发伤亡不断

美国得克萨斯州休斯敦 3 日发生驾车枪击事件，枪手朝另一辆车开枪，导致一名 5 岁儿童死亡，一名 8 岁儿童受伤，枪手在逃。在纽约市，一名 19 岁男子 2 日在骑车时也中枪身亡，嫌疑人未落网。在芝加哥，刚刚开始的 7 月已经有近 50 人中枪，9 人死亡。

（《新闻联播》2022 年 7 月 4 日）

4. 2022 年 4 月"中国好书"榜单发布

在中宣部出版局指导下，经中国图书评论学会组织评选，2022 年 4 月"中国好书"榜单发布：《我用一生爱中国：伊莎白·柯鲁克的故事》《小漫画大时代》《中华文化海外传播简史》《二十四节气七十二候：中国人的诗意生命美学》《漂洋过海来送你》《金色河流》《张桂梅和她的孩子们》《重拾瑰宝圆明园》《一只早飞千年的鸟：中国古代气象观测与测量科技》《冷湖上的拥抱》《桦皮船》《"地下长城"坎儿井》12 种图书入选。

"中国好书"推选分为月度榜单和年度榜单两类，上榜图书为新近出版的优秀中文原创图书，涵盖主题出版、人文社科、文学艺术、科普生活、少年儿童五大类，旨在"为读者发现好书，为好书寻找读者"，推动优秀作品创作生产，更好发挥好书推荐的引领示范作用。

（新华社 2022 年 5 月 14 日）

5. 2022 暑期档票房超 38 亿元　电影市场逐步回暖

据灯塔专业版数据，截至 7 月 21 日上午 9 时 11 分，2022 暑期档（6 月 1 日起）票房达 38.68 亿（含预售）。

其中，《人生大事》以 14.7 亿元的成绩暂居暑期档电影票房第一，堪称暑期档第一匹"黑马"；《侏罗纪世界 3》《神探大战》《外太空的莫扎特》紧随其后。多位业内人士表示，伴随着暑假到来，电影市场也在逐渐回暖，大盘在《人生大事》等影片的带动下，已呈现积极复苏态势。奇幻、喜剧、动作等多种风格的电影上映，点燃了观众的观影热情，丰富了大家的夏日生活。

"电影《人生大事》对暑期票房贡献较大，也带动更多影迷重归影院。电影市场需要这样接地气、有烟火气、让观众产生共情的影片。"中国电影评论学会会长饶曙光在接受人民网记者采访时表示，优质影片供给意愿上升是行业回暖的指标之一，中国电影市场活力正在逐步恢复，"尤其是《独行月球》《明日战记》的定档，为影市复苏添了一把火。我们有理由期待，在 2022 暑期下半段，电影票房将会有更好的表现"。

（人民网 2022 年 7 月 21 日）

二、"说新闻"综合训练

训练要求：选取下面 3~5 条新闻内容进行"说新闻"串联主持训练。要求以一档完整节目的形式呈现，根据稿件内容进行增减和创作，节目类型可以为传统新闻读报类节目或者新媒体短视频，要确保新闻的真实性不被改变，语言流畅，逻辑清晰。

1. 警惕掉入"吃瓜"陷阱

网络平台上，不少人热衷于"吃瓜"。但碰上这种"爆料吃瓜群"，慎入！

近日，一则"网传济南女生被欺凌"的短视频引发广泛关注。然而经相关部门核实，当地并未有网传情况发生，系网民康某某编造。此外调查发现，康某某团伙创建引流"吃瓜群"1000 多个、发送涉黄虚假信息超 30 万条、拉拢群成员超 50 万人、获利超 100 万元。

非法牟利这么多，令人震惊。公众"吃瓜"的心理，被不法分子精准收割了。

各种娱乐八卦，常被网友戏称为"瓜"，但经过不法分子的恶意炮制，有的"瓜"早已"变质"，超出了娱乐的范畴。为引流获利，一些不法分子打着"吃瓜""爆料"的旗号，利用网民的"吃瓜"心理组织群聊，进群需要扫码付款，群内分享所谓"诱人"信息。为了持续获利，这些群聊组织者不惜编造虚假信息，蹭热点甚至造热点，干起散布隐私、色情、血腥、暴力、谣言等违法违规信息的勾当。

（新华网 2023 年 9 月 14 日）

2. 中央广播电视总台 2022 年中秋晚会将播出

中央广播电视总台 2022 年中秋晚会将于 9 月 10 日中秋节当晚播出。晚会将秉持"多向科技要效果"的理念，融合举办地江苏张家港的实景与虚拟现实技术，呈现中华优秀传统文化的魅力和生命力。

据晚会相关负责人介绍，今年的中秋晚会将围绕月文化，分为"江月初照""山河明月""皓月千秋"3 个篇章，将中秋节蕴含的传统习俗、乡愁思念和家国情怀融为一体，以歌舞、交响乐、曲艺为主要载体，穿插说唱、情景表演等形式进行呈现。晚会将推出 360 度圆形舞台，采用超高清和三维声制作播出，并通过"百城千屏"超高清公共大屏传播体系播出。

（《人民日报》2022 年 8 月 15 日）

3. 2022 年四川省"万人赏月诵中秋"走进乐山

近日，峨眉山下，大渡河畔。2022 年四川省"万人赏月诵中秋"示范展演在乐山市倾情上演。

峨眉山月半轮秋，影入平羌江水流。但见舞台上，一轮圆月流光溢彩，半亩荷塘隐隐约约。美轮美奂的荷塘月色中，古筝伴奏、文人作画，打伞少女莲步……好一幅"欲滴莲花送月香，抚琴弄舞醉荷塘"的天然画卷。

在温馨浪漫的时光中，艺术家们欢聚一堂，或吟唱诗词，或诵读经典，或情景演绎，或翩翩起舞……声情并茂，慷慨激昂，共话团圆之情，同享温馨时刻，在诗歌的陶冶和文艺的熏陶中，喜迎中秋佳节。

（中国新闻网 2022 年 9 月 13 日）

4. 2022 中国国际体育用品博览会将举行

2022 中国国际体育用品博览会将于 9 月 16 日至 19 日在福建厦门国际会展中心举行。据介绍，2022 中国国际体育用品博览会预计有 1300 家企业参展，展会面积达 15 万平方米。本届展会共设置健身展区、体育场馆及器材展区、体育消费及服务展区等三大主题展区。三大主题展区将结合行业和市场发展的最新状况，设置多个细分区。

（《人民日报》2022 年 9 月 8 日）

5. 教育部、国家语委发布《中小学生普通话水平测试等级标准及测试大纲（试行）》和《汉字部首表》

近日，教育部、国家语言文字工作委员会发布《中小学生普通话水平测试等级标准及测试大纲》（试行）和《汉字部首表》。两项语言文字规范均由教育部语言文字应用研究所（国家语委普通话与文字应用培训测试中心）组织研制，由国家语委语言文字规范标准审定委员会审定。

《中小学生普通话水平测试等级标准及测试大纲》是在广泛调研和大规模试测基础上研制，按照适用性、交际性、体系性的原则，充分借鉴普通话水平测试长期积累的学术成果和实践经验，力求与中小学生的心智特点和学业要求相适应，与义务教育语文课程标准和教学实践相结合，与普通话水平测试有效衔接。该规范将中小学生的普通话水平划分为 6 级，规定了测试的内容、范围、试卷构成和评分标准等，适用于义务教育阶段小学五年级及以上学生普通话水平的测评或评估监测。该规范将于 2022 年 12 月 15 日起试行。

《汉字部首表》是对 2009 年发布第一版的修订。修订版按照稳定性、系统性、实用性原则，聚焦于提升部首应用的规范化和信息化水平，在保持原有 201 个主部首基础上，增补微调个别附形部首，并给出部分常用部首名称和部首的信息处理国际编码。该规范主要适用于辞书编纂、信息处理等领域汉字的分类和检索，也可用于汉字教学与研究。新修订的《汉字部首表》将于 2022 年 12 月 15 日起实施。

《中小学生普通话水平测试等级标准及测试大纲（试行）》和《汉字部首表》的发布，对于健全完善国家通用语言文字规范标准体系，加大国家通用语言文字推广普及具有重要作用。

（教育部网站 2022 年 11 月 18 日）

6. 2022 年北京少儿健康歌传唱大开唱　主办方呼吁从小培养良好习惯

"少吃薯条，少喝饮料，少点烦恼""关掉手机，关掉电子游戏，早睡早起""运动身体，丢掉多余卡路里，让奔跑的足迹，就从今天起"……10 日，不少人唱起《从今天起》，宣告"2022 年北京少儿健康歌传唱大赛"正式开唱。

本次大赛由北京市疾病预防控制中心健康教育所、北京健康教育协会主办。主办方表示，此举旨在进一步贯彻落实《"健康北京 2030"规划纲要》，在儿童、青少年群体中宣传推广《首都市民卫生健康公约》，普及健康生活方式，促进儿童、青少年全面健康发展。

主办方援引数据指出，我国 6 岁至 17 岁儿童青少年的超重肥胖率近 20%，6 岁以下儿童超重肥胖率超过 10%，全国儿童青少年总体近视率为 52.7%。而北京市儿童青少年超重肥胖、视力不良等问题较为突出。

另有医学专家指出，超重、肥胖导致的高血压、糖尿病、高血脂、心脑血管疾病等慢性病越来越低龄化，心理健康、社会适应障碍等问题在青少年人群中日益凸显。而这些健康问题和儿童青少年的行为习惯是密切相关的，从小培养良好的健康习惯，会让孩子终身受益。

主办方表示，《从今天起》这首歌以《首都市民卫生健康公约》中涵盖的核心知识点为基础，曲调简单、朗朗上口。10 岁的李悟作为公益宣传大使在演唱后表示，"希望通过我唱的歌曲，让更多的小朋友们参与到活动中来，一起普及健康的生活方式"。

（中国新闻网 2022 年 11 月 10 日）

7. 减少近视当树立"远见"

开学了，有的老师发现，校园里又多了一些"小眼镜"。联想到近些年近视低龄化的问题，不免让人担忧。

国家卫健委数据显示，2022 年全国儿童青少年总体近视率达 53.6%，这意味着每两人中就有一人近视。长时间、近距离用眼是导致近视的主要原因，而在电子屏幕前暴露时间长、缺乏户外运动、饮食不均衡等，则进一步加重了近视问题。

今年 9 月，是第 7 个全国近视防控宣传教育月，主题为"注重行为干预融入日常生活"。家庭、学校、医疗机构当树立"远见"，形成合力，让孩子在日常生活中养成良好的爱眼护眼习惯。

（新华网 2023 年 9 月 5 日）

8. 国庆假期京沪、京广间增开夜间高铁

今年中秋国庆假期旅客出行意愿十分强烈，9 月 13 日至 23 日，铁路已累计发售车票 2.17 亿张。

为保障旅客出行需求，铁路部门通过列车重联、开行长编组列车、增加夜间高铁等方式增加运力。根据国铁集团通报，铁路部门将在 9 月 27 日至 10 月 1 日、10 月 4 日至 7 日增开 200 列夜间高铁，车票已陆续开始发售。

假日运输期间，铁路部门将增开跨铁路局集团公司的直通旅客列车 320 列，包括日间高铁 14 列、夜间高铁 200 列、普速旅客列车 106 列。其中，夜间高铁的主要方向为京沪、京哈、京广、沪昆、广深高铁等热门紧张区段。

新京报记者通过 12306 平台查询发现，像北京西站前往郑州方向的高铁列车，在正常情况下，每日首班车次早上 6 点 20 分发车，而从 9 月 27 日开始，每天凌晨 1 点 40 分开始就有增开的夜间高铁车次，从 9 月 27 日至 9 月 30 日，每天加开的夜间高铁车次都有至少 10 趟。

（《新京报》2023 年 9 月 25 日）

9. 河北赵县："雪花梨之乡"绘就丰收新图景

时下，河北省赵县鲜梨迎来丰收季，果园、收购点、加工企业随处可见忙碌的身影。赵县有"中国雪花梨之乡"的美誉，梨果种植面积达 25 万亩。近年来，赵县通过抓品质、育品牌、发展深加工、文旅融合等途径推动梨果产业转型升级，为乡村振兴注入活力。目前，赵县梨果产业从业人员达 14 万，年产值 30 亿元。

（新华网 2023 年 9 月 22 日）

10. 武夷非遗走进厦门大学

近日，由武夷山市人民政府、南平市文化和旅游局、厦门大学历史与文化遗产学院联合主办的"好有'夷'市——武夷非遗进名校"为主题的文化分享体验活动走进厦门大学，本次活动采用"动态展演＋静态展示""特色产品＋多彩文创""非遗文化＋旅游推介"等方式，设置市集区和舞台活动区，打造非遗文化展示新平台，打通文旅融合的新路径。

在好有"夷"市市集区，设置非遗项目展示体验区、茶席区、表演区、美食博饼区，武夷岩茶（大红袍）制作技艺、遇林亭黑釉茶盏烧制技艺、武夷竹编、岚谷熏鹅等武夷山代表性非遗项目集中亮相，让武夷山的非物质文化遗产"看得见""听得着""带得走""学得来"。市集现场，厦大学子与非遗传承人频频互动，一问一答之间，延续了文脉的"传"与"承"。

（新华网 2023 年 9 月 18 日）

三、"说新闻"搭档训练

训练要求：对下面的新闻进行"说新闻"搭档训练。除下列新闻外，还可自行选择近期发生的热点新闻，注意新闻编排技巧，适当增加串联词、开场白、结束语，并对部分新闻进行适当点评。

1. 科技部等七部门：大幅增加科研助理岗位数量　吸纳高校毕业生就业

近日，科技部等七部门就做好科研助理岗位开发、吸纳 2022 届高校毕业生就业工作发布通知，要求高校、院所、央企、高新区等科研单位加大科研助理岗位开发，充分吸纳高校毕业生就业。

通知指出，科研助理，是指从事各类科研项目辅助研究、实验（工程）设施运行维护和实验技术、科技成果转移转化、学术助理、财务助理以及博士后等工作的人员。科研助理岗位是科研队伍的重要组成部分，是完善科研治理体系、提升科技创新治理能力的重要抓手。

通知表示，要强化央地协同，广泛动员部署，充分挖掘岗位资源，做实做细服务，加大保障力度，大幅增加科研助理岗位数量。

通知要求，部属高校、中央院所、中央企业等单位加大科研助理岗位开发力度，在合理设置新的科研助理岗位的同时，认真梳理已开发的科研助理岗位，最大限度吸纳高校毕业生就业；国家高新区和自创区主动作为开发科研助理岗位，将科研助理岗位开发情况作为国家高新区考核的重要依据之一；各地方积极开发科研助理岗位，任务完成情况将作为国务院对地方落实有关重大政策措施 2022 年度督查激励、省级高新区升级审核的重要参考。

（人民网 2022 年 7 月 1 日）

2. 治沙减排　荒漠地里"碳"出生机

今年的 6 月 17 日是第 28 个世界防治荒漠化与干旱日。荒漠化是指在干旱、半干旱和某些半湿润、湿润地区，由于气候变化和人类活动等各种因素所造成的土地退化，包括土地沙化、水土流失、植被退化等。植被退化会严重削弱生态系统的碳汇，而植树造林是为生态碳汇做加法的必要手段。因此，有效防治土地荒漠化不仅有助于改善生态环境，还将为实现"双碳"目标做出重要贡献。

（新华网 2022 年 6 月 17 日）

3. 2022 年国家医保药品目录调整工作启动

《2022 年国家基本医疗保险、工伤保险和生育保险药品目录调整工作方案》及相关文件日前正式公布，标志着新一轮国家医保药品目录调整工作正式启动。

据国家医保局相关负责人介绍，今年的调整工作将牢牢把握"保障基本"的制度定位，重点将临床价值高、价格合理、能够满足基本医疗需求的药品纳入目录。

与往年目录调整相比，本轮医保药品目录调整优化申报范围，向罕见病患者、儿童等特殊人群适当倾斜。其中，对罕见病用药的申报条件没有设置"2017年1月1日后批准上市"的时间限制，同时纳入国家鼓励仿制药品目录、鼓励研发申报儿童药品清单的药品可以申报今年医保目录。

本轮医保药品目录调整完善了准入方式，非独家药品准入时同步确定支付标准，主要解决非独家药品由于个别企业价格较高而导致该通用名药品无法纳入目录的问题。该准入方式借鉴谈判原理，由专家测算确定医保支付意愿，然后企业自主报价，只要有一家企业参与且报价低于医保支付意愿，该通用名就可纳入目录，并以最低报价作为该通用名的支付标准。

（新华网 2022 年 6 月 30 日）

4. 2022 年铁路暑运预计发送旅客 5.2 亿人次

记者 30 日从中国国家铁路集团有限公司获悉，7 月 1 日开始，2022 年铁路暑运工作正式拉开帷幕，至 8 月 31 日结束，共计 62 天，全国铁路客流呈逐渐回暖趋势，预计发送旅客 5.2 亿人次、高峰日发送旅客 1000 万人次。

暑运期间，铁路部门将充分用好京广高铁京武段时速 350 公里高标运营线路和郑渝高铁襄万段、济郑高铁濮郑段、和若铁路、北京丰台站等新线新站开通运营增加的运力资源，优化客运产品供给，满足沿线旅客出行需求；密切关注各地疫情防控政策调整和旅游等重点行业恢复情况，根据 12306 大数据科学分析掌握旅客出行规律，精准实施"一日一图"，适时增开旅客列车。

（新华网 2022 年 6 月 30 日）

5. 工信部等五部门印发《数字化助力消费品工业"三品"行动方案（2022—2025 年）》

据工信部网站 7 月 2 日消息，6 月 30 日，工业和信息化部、商务部、国家市场监督管理总局、国家药品监督管理局、国家知识产权局印发《数字化助力消费品工业"三品"行动方案（2022—2025 年）》。方案提出，到 2025 年，消费品工业领域数字技术融合应用能力明显增强，培育形成一批新品、名品、精品，品种引领力、品质竞争力和品牌影响力不断提升。

创新能力显著增强。新一代数字技术与消费品工业融合发展更加深入，技术基础进一步夯实，企业经营管理数字化普及率、企业数字化研发设计工具普及率、应用电子商务的企业比例均超过 80%，智慧设计、柔性制造、供应链协同等关键环节的集成创新和融合应用能力大幅增强，消费品工业数字化转型进展加快。

供给水平明显提高。以企业为主体的技术创新体系进一步健全，产品供给日益丰富，质量与性能持续提升，消费品领域新品、精品、名品不断涌现，在纺织服装、家用电器、食品医药、消费电子等行业培育 200 家智能制造示范工厂，打造 200 家百亿规模知名品牌，产品服务质量和客户满意度持续提升。

发展生态持续优化。推进以点带面、示范引领、整体提升，创建 50 个数字化转型成效显著、特色鲜明、辐射力强的"三品"战略示范城市。平台化设计、个性化定制、网络化协同、服务化延伸等公共服务能力稳步增强，培育 50 个数字化服务平台，推广 300 个示范带动作用强的应用场景典型案例。

（央视网 2022 年 7 月 2 日）

四、新闻评论节目主持训练

训练要求：阅读下面的新闻材料，然后进行即兴主持。要求以新闻节目的形式呈现，评论观点正确、思路清晰、层次分明。即兴主持时间为 3 分钟。

1. 合力守护城乡历史文化遗产

如何加强历史文化保护传承，让城市留住记忆、让人们记住乡愁？9 月 19 日，最高人民检察院、住房和城乡建设部联合印发《关于在检察公益诉讼中加强协作配合　依法做好城乡历史文化保护传承工作的意见》，强化城乡历史文化保护传承领域执法司法衔接，推动形成行政执法与检察监督保护合力。《意见》的出台，标志着城乡历史文化保护传承与检察公益诉讼协作机制正式建立。

（《南方日报》2023 年 9 月 21 日）

2. 那些遭遇网暴的人怎么样了？

马玲清楚地记得 2010 年遭受网暴的感受，"好像站在一个小小的孤岛上，黑色的浪头从四面八方不停向我涌来"。彼时，马玲是国内知名杂志的文化主笔，受邀参与了某档著名的综艺节目。因为马玲在节目中质疑主持人，天涯论坛上盖起了高楼，网民指摘马玲在综艺中的"小丑"表现，马玲的同事也在帖子里留言，编造她的工作细节和私生活。

（《中国新闻周刊》2022 年 11 月 14 日）

3. 大家怎么就不愿意结婚了？

民政部近期公布的数据显示，2022 年我国结婚登记数为 683.3 万对，较上一年减少约 81 万对。该数据更是创下 1986 年民政部有相关数据记录以来的新低，我国结婚登记数也已呈连续 9 年持续下降状。

在不少专家看来，社会转型、变迁交织，个人、家庭的传统与现代婚育观念、行为产生了诸多变化。其成因、趋势都有复杂性，也对中国未来的人口结构、经济有着深远影响。

（《中国新闻周刊》2023 年 6 月 28 日）

4. 频频"出圈"的网红官员

7 月 16 日，天马国际旅游节在新疆伊犁昭苏县召开。与前些年的宣传方式不同，伊犁文旅局副局长贺娇龙再次用短视频为当地造势，视频中，她身穿标志性的红色上衣，策马奔腾于万马之中。一时间，圈粉无数。

"鲜衣怒马"是她的成名作。2020 年 11 月，时任昭苏县副县长的贺娇龙身穿红色斗篷，在雪地中策马奔腾。相关视频发布后引发广泛关注，其中一段视频获赞 116 万，播放量保守估计超 1 亿。

红衣、冰雪、骏马，数个标签集于一身，人们看到了一个不一样的官员，"鲜衣怒马，雪地娇龙"由此为广大网友所熟知。

事实上，近年出圈的网红官员不在少数。就在今年 7 月初，内蒙古自治区鄂尔多斯市委副书记、政法委书记、康巴什区委书记邢征在云致辞时来了一段说唱，此举迅速引发网络热议。

（《中国新闻周刊》2022 年 7 月 22 日）

5. "天价月饼"为何卷土重来？

中秋佳节临近，选购月饼本身也成了一种烦恼。

在国家整治"天价月饼"的大背景下，一些商家玩起了文字游戏，把"月饼"不叫"月饼"，改叫"糕点"；去掉"月饼"字样，对外宣传称"中秋套装礼盒"。

有人调侃，藏在月饼身上的陷阱，甚至比馅料的种类还多。比如通过添加各类名贵馅料、追求过度豪华包装或混合销售高价商品等方式，炒作月饼价格。

饼还是那个饼，盒子却一年比一年膨胀了。

（《中国新闻周刊》2022 年 9 月 5 日）

6. 11 名新教师 7 人来自清华北大，名校毕业生向二三线城市的中学扩散

清华大学、北京大学硕博毕业生扎堆任教的现象，正在由深圳中学、北京人大附中这样的一线城市"牛校"，向二、三线城市的中学扩散。

最近，浙江省温州中学公布了今年招聘上岗的新任教师，11 人中有 7 人毕业于清华大学或北京大学，1 人毕业于上海交通大学，1 人毕业于北京师范大学，2 人毕业于华东师范大学。这 11 人中有 2 人拥有博士学位，4 人是硕士毕业，甚至还有 1 人曾在国际顶级学术刊物《自然》的子刊上发表过学术论文。

不久前，江苏省淮安市楚州中学招聘了 22 位教师，其中有 15 人毕业于北京大学，引发广泛关注。

在教育专家看来，随着国内研究生培养规模增大，硕士、博士到二三线城市就业的现象将越来越多，中小学教师整体学历提升是大势所趋。

（《中国新闻周刊》2022 年 10 月 26 日）

7. 高价研学团：异化成"杀猪盘"？

2023 年高考的两天前，一大早，北京南站已经挤满了一波又一波出省研学的学生团。短短一个小时，来自五所中小学的几百人相继踏上了去往上海、黄山等地的列车。

"现在是暑假前的研学小高峰，很多学校被选为考场，不能上课，正好外出研学。"北京微创博志教育科技有限公司 CEO 王虎纹在车站人群中穿行，前后协调两所学校的研学团整队进站。加上暑期业务，他承接的去上海的研学团就有 28 个，"仅北京就有至少 500 家企业在做研学"。

不久后，从外地赶来北京的研学团也将如潮水般涌入北京。"整个暑期，除门头沟等郊区，北京市区酒店几乎订不到整段时间的批量客房，酒店反馈说，都被研学团包了。"一家创立十余年的教育机构顾问严初吐槽说。

（《中国新闻周刊》2023 年 6 月 19 日）

8. 谨防招聘市场"糖衣炮弹"

以高薪为诱饵，虚假承诺"画大饼"，在合同中玩"文字游戏"，成立"皮包公司"挂羊头卖狗肉……近年来，招聘市场上的诈骗行为坑害求职者，不少求职者"未工作先破财"。招聘诈骗行为还扩展到更大领域范围，甚至呈现产业化发展趋势。这严重扰乱求职市场秩序，损害求职者就业信心，亟待严加防范并加大打击力度。

（新华网 2023 年 9 月 1 日）

9. 让"零碳"成为新潮流、新风尚

零碳园区、零碳办会、零碳婚礼，甚至还有零碳饮料、运动鞋……近年来相关字眼频频见诸报端网端，值得关注。

何为"零碳"？从实施"零碳"办会的首个全国生态日主场活动中，就可见一斑。据报道，"零碳"办会是指以举办的会议为对象，按照碳减排措施的实施、碳排放预算、碳排放干预、碳排放量核算与评估、碳中和评价、碳中和标的物的交易与抵消，确保会议碳中和。也就是说，在尽力低碳、绿色、无废办会的同时，通过购买普惠减排量和碳汇减排量，实现正负抵消，达到相对"零排放"。

10. 传统戏曲与青年文化的双向奔赴

线下实景演出"一票难求"，线上互动直播数百万人次观看，近期上演的环境式越剧《新龙门客栈》不仅成为戏曲演出市场的"顶流"，也在青年群体中以新国风实现"破圈"。越来越多青年人爱上传统戏曲，这一可喜现象背后是传统戏曲创新性传承、青春化传播的持续探索。

（《光明日报》2023 年 8 月 17 日）

11. 暑假出行别辜负了安全提醒

海边一日最多走失 190 名孩子？近日，一段"保安牵一排孩子找家长"的视频在网络上流传，引发热议。

据媒体报道，当天巡逻的保安陆续接到多名与家人走失的孩子，广播室第一时间发布广播寻找家属，其后未被领走的孩子仍有 6 个，保安只得牵着孩子，到海边用喇叭现场"寻亲"。令人印象深刻的是一组数据，该公园仅上周六就有 188 起儿童走失案例，周日超 190 宗。好在有惊无险，最后家长都顺利领回了孩子。

（《南方日报》2023 年 8 月 11 日）

12. 这份"入乡随俗"，为友谊加分

体育的魅力不仅在赛场。

跟着成都"嬢嬢"跳广场舞，凌晨依然在吃串串香，还学会了去批发市场"扫货"……近日，参加成都大运会的外国运动员俨然已经融入成都生活，用网友的话说：主打一个入乡随俗。

这份"入乡随俗"，是对多元文化的尊重，也是中国文化魅力的投射。

成都的确是一座魅力城市。"九天开出一成都"，唐代诗人李白笔下的这座城，既秀美繁华，又道出了成都人的坚韧顽强、开拓创新。

（新华网 2023 年 8 月 22 日）

13. 让诗与远方更"触手可及"

逛书店，能逛出什么花样？走进北京市前门大街的一家主题书店，游客除了读书、喝茶，还能开启一场城市实景剧本游。换上特定服装，通过小程序链接，领取角色任务，游客可以通过 AR（增强现实）技术，边逛历史文化街区，边参与融入老北京文化、非遗技艺等元素的沉浸式游戏。体验者表示，"代入感特别强""像逛街一样，可以快乐地玩上几个钟头"。

（《人民日报》2023 年 8 月 2 日）

五、现场报道训练

训练要求：根据下列新闻背景，模拟进行现场报道。报道前可以搜集相关资料，根据新闻背景确定报道的地点、时间点、切入点等。语言要流畅，现场感要强。要多观察现场细节，突出记者在现场的"所见、所闻、所感"。现场报道时间为 3～5 分钟。

1. 四川彭州龙槽沟山洪灾害事发前地方曾多次劝离游客　专家提醒野外遭遇洪水应科学避险

四川彭州市龙门山镇小鱼洞社区龙槽沟"8·13"突发山洪灾害共造成 7 人死亡、8 人轻伤。事件发生后，记者第一时间赶到现场。在龙槽沟内，记者看到，河道两旁均设置了防护围栏和警示标语，沟口还设有铁门隔离。

彭州市地处成都西北方向，靠近龙门山断裂带。龙槽沟并不是一处开放景区，而是当地的地质灾害隐患点，曾于 2015 年和 2017 年发生山洪灾害。

此次事发前，彭州市龙门山镇接到气象预报，辖区有对流云团生成，将伴有短时强降雨。"我们接到通知后便组织巡逻队员前往龙槽沟和湔江河滩等地对戏水游客进行劝离。"龙门山镇社区发展办工作人员牟邦富说。

"当时我和朋友正在沟内野炊戏水，见到有工作人员在沿途告诫大家可能有风险，我们就立刻收拾东西离开了，但也还有不少人没有走。"游客孙小辉说。

记者在龙门山镇工作人员的手机上看见，近期以来，龙门山镇工作群中每天都有对前往龙槽沟和湔江戏水游客劝离的图片、视频等记录，对于被破坏的围栏也有多次组织修补的记录。

据彭州市龙门山镇小鱼洞社区党委书记龙成艳介绍，为劝阻游客下河游玩，当地已在去年沿河道设置防护网和警示牌，并常态化组织村干部和志愿者对下河游客进行劝阻，但仍有游客不听劝阻，破坏围网下河野营戏水。

记者注意到，汛期以来，四川相继发生平武县"7·12"、北川县"7·16"和彭州市龙槽沟"8·13"山洪灾害，防汛救灾形势严峻。记者 8 月 14 日从四川省应急管理厅获悉，四川省防办印发了紧急通知，要求各地紧急排查辖区内易发多发险情的涉水景区以及滩涂、峡谷等野外风景区域，组织多部门联合开展动态巡护，落实专人在重要点位盯守巡查，做好警示提示。

（新华网 2022 年 8 月 15 日）

2. "列车春晚"情暖旅途

"无论多久，你都在我们身旁，相依相恋、情深意长……" 1 月 19 日 19 时 40 分，南昌至北京西 D736 次列车发车后不久，随着歌声响起，几位盛装舞者在被布置得年味十足的车厢里翩翩起舞，南昌客运段直达车队第 16 次"列车春晚"拉开帷幕。

"列车春晚"经过多年举办，已成为中国铁路南昌局集团有限公司春运服务的响亮品牌。今年的"列车春晚"包括歌曲《星辰大海》、手势舞《回家》、舞蹈《福气要来临》等节目，精彩纷呈的表演令现场观众眼前一亮、连连喝彩，车厢里洋溢着喜庆的节日氛围。当憨态可掬的兔子玩偶来到旅客之间，为大家送上新春祝福时，众多旅客争相与之合影，与亲朋好友共享"列车春晚"带来的欢乐。

与往年不同的是，今年南昌客运段直达车队在 1 月 19 日开行的井冈山至北京丰台 D734 次、南昌至北京丰台 D738 次列车上开设了"列车春晚"分会场。三车共庆新春佳节，为更多旅客带去铁路人的新春祝福。当所有演职人员合唱"列车春晚"闭幕曲《相亲相爱一家人》时，不少旅客也和着拍子哼唱起来，动听的旋律在车厢里久久回荡。

（新华网 2023 年 2 月 9 日）

3. 为期六天 2023 西南（成都）车展五一期间开幕

2023 第九届西南（成都）国际汽车博览会暨新能源智能汽车展览会将于 2023 年 4 月 28 日—5 月 3 日在中国西部国际博览城举行。

据悉，作为 2023 年中国西部博览城会展中心汽车唯一 B 级车展，本届车展以"智享未来、助力复苏"为主题，届时将汇集乘用车、商用车、新能源汽车、改装车、特种车及相关新技术、新设备、新产品、新工艺等超 80 家优质品牌企业参展，展示规模 10 万平方米，接待超 50 万名参展观众。展会同时举办多场汽车活动，联动行业论坛打造行业智慧分享＋配套一站式采购。本届展会将汽车产业智能化、网联化、电动化、共享化的融合发展，以静、动态展示与丰富的现场活动相结合，将汽车展示、汽车文化与汽车消费相结合，为广大汽车厂商搭建平台。

据了解，成都一直大力布局汽车产业，目前汽车产业集群已初具规模优势。众多车企落户成都，初步建立了完整的产业体系。第九届西南（成都）国际汽车博览会暨新能源智能汽车展览会将以新能源智能汽车为最大亮点，重点挖掘此类客户意向需求，重点打造新能源智能汽车展区，为消费者打造良好的购车、赏车体验。

（新华网 2023 年 4 月 1 日）

4. 深圳发布台风红色预警　19 时起全市高速入口封闭

深圳市气象台于 1 日 14 时将全市台风橙色预警信号升级为红色，预计台风"苏拉"有可能近距离严重影响深圳。

气象监测显示，超强台风"苏拉"9 月 1 日 14 时位于深圳东南方约 160 公里的海面上，中心附近最大风力 17 级（58 米/秒）。

根据深圳气象部门预测，预计台风"苏拉"将向偏西方向移动，强度逐渐减弱，较大可能于 1 日夜间至 2 日凌晨以强台风级在大鹏至香港一带登陆，或在香港南侧 80 公里范围内近距离移过。

8 月 31 日 16 时起，深圳各港口及客运码头已暂停运营。9 月 1 日 11 时 10 分起，进出深圳地区所有车站的列车全部停运。深圳机场 9 月 1 日 12 时起暂停航班运行，目前，可转场的航空器均已飞离深圳机场，廊桥机位已清空、航站楼内已无滞留旅客。

据悉，9 月 1 日 19 时起，深圳地铁全网各线路所有列车和车站将停止运营服务，深圳市（含深汕特别合作区）全域高速公路入口实行临时封闭交通管制，交通管制期间，所有高速公路入口，除抢险救灾和指挥车辆外，禁止社会车辆驶入。

（新华网 2023 年 9 月 1 日）

5. 河北唐山：激活城市文化遗存　打造文旅新业态

近年来，河北省唐山市路北区不断推进老校址、老厂区等城市文化遗存的保护利用工作，打造了一批历史文化场馆和历史文化街区。位于路北区的培仁历史文化街围绕百年建筑培仁女子中学校舍而建，通过改造提升基础设施，引进文化创意、休闲娱乐、餐饮酒店、时尚购物等业态，成为当地文旅融合发展的重要载体，2022 年入选首批国家级旅游休闲街区。

（新华网 2023 年 9 月 13 日）

6. 华南有持续性强降雨，珠三角附近有特大暴雨

受"海葵"及残留云系影响，9 月 3 日以来，福建中东部、广东中东部、湖南南部、江西南部及台湾等地累计雨量大、短时降雨强、局地极端性强。上述地区降雨量普遍有 100~300 毫米，福建宁德、福州、厦门、漳州，广东广州、深圳，香港及台湾东部等地 400~721 毫米，台湾花莲局地超过 1100 毫米；最大小时降雨量 40~90 毫米，局地 100~149 毫米。福建福州、永泰和长乐，广东番禺和南海等气象观测站日雨量突破历史极值。其中 7 日，广东深圳 2、3、6、12 小时降雨量均破 1952 年有气象记录以来历史极值；香港天文台最大小时降雨量达 1884 年有记录以来的最高纪录。

（中央气象台 2023 年 9 月 8 日）

7. 青岛莱西：改善居住环境"改"到居民"心坎"里

作为城市更新重点民生项目，草泊村安置区占地约 31 亩，计划总投资 5.2

亿元，共建6栋楼408套安置房。莱西市坚持以人为本，让利于民，仅用56天便完成村庄签约工作，并邀请村庄内党员、教师、群众代表成立了安置工程质量监督小组，重点对安置楼主体钢筋、混凝土及保护层质量进行督查，对发现的问题及时反馈整改，保障项目高质量建设。目前安置区6栋楼顺利封顶，二次结构完成90%，提前3个月完成施工计划，计划2024年6月前竣工回迁。

（新华网2023年9月5日）

8. 小苹果创出产业大天地——陕西洛川苹果产业集群见闻

金秋时节，陕西洛川的田间地头弥漫着苹果的香甜气息。苹果树上，红彤彤的早熟苹果"嘎啦"挂满枝头。洛川县老庙镇果农解贵生正忙着采收鲜果，他告诉记者，"今年洛川雨水充沛，苹果个头大、水分足，预计能有个好收成"。

不远处洛川苹果产业集群的企业车间里，则是另一种忙碌景象。在延刚果业园区自然搭档品牌分选车间，借助自动化生产线，一颗颗苹果经过检测、分选、清洗、装箱等工序，被装上大型货车。

（新华网2023年9月11日）

9. 2023年央视中秋晚会将在宜宾举办

探源中华民族母亲河，万里写入胸怀间。8月16日，记者从中央广播电视总台2023年中秋晚会剧组获悉，《中央广播电视总台2023年中秋晚会》将在被誉为"万里长江第一城"的宜宾市举办。晚会主舞台位于金沙江、岷江、长江三江交汇处旁的长江公园，也是"长江干线航道零公里"处。

2023年央视中秋晚会将围绕"诗、酒、月、水、竹"五种文化意象展开，以长江文化的宏大叙事与兼容并蓄的气度，用心用情讲好中国故事，弘扬民族文化，彰显出中华文明的连续性、创新性、统一性、包容性、和平性。经过三个多月的紧张筹备，晚会的节目方案、内容创作、舞台美术等环节均已落实，晚会的主舞台也已完成施工验收、交付使用，部分外拍节目8月16日正式开机。

（《华西都市报》2023年8月17日）

10. 青海玉树州称多县5.3级地震　震中人口稀少暂无伤亡

据中国地震台网正式测定，5月6日17时23分，青海省玉树藏族自治州称多县发生5.3级地震，震中附近人口极其稀少，暂无人员伤亡报告。

据地震部门发布的信息，本次地震震中位于北纬34.56度，东经96.53

度，震源深度 9 千米，震中 5 公里范围内平均海拔约 4668 米，震中 20 公里范围内人口极其稀少。本次地震震中距曲麻莱县 83 公里，距治多县 115 公里，距称多县 143 公里，距玉树市 180 公里，距省会西宁市 528 公里。

据称多县居民表示，地震发生时县城有轻微震感。称多县委宣传部部长松拉卓玛表示，目前当地各乡镇无人员伤亡情况上报，官方正在进一步核实。目前县委县政府已派出相关部门人员赶赴震区现场勘查。

据国家电网青海公司消息，地震发生后，国网玉树供电公司和青海送变电运检分公司第一时间派出人员对所辖线路、变电站进行特巡。目前电网运行平稳，人员、设备一切正常。

（人民网 2018 年 5 月 7 日）

第二节　文艺节目即兴主持

理论概要

一、文艺节目概念及范畴

电视文艺节目是以文学、艺术和文艺演出作为创作原始素材和基本构成元素，在保留原来艺术形式的基础上，运用电视视听语言进行二度创作，是一种具有较高艺术欣赏性和审美价值的电视节目类型。

二、文艺节目即兴主持要领

（一）语言丰富，共情力强

语言要尽可能丰富，表达情感丰沛，富有感染力，要拥有良好的共情能力，让受众与主持人产生共鸣。

（二）知识全面，观点准确

文艺节目主持人知识储备量要大，能及时解决主持中遇到的信息缺失等问题，主持过程中涉及的观点表达要准确无误。

（三）阅历丰富，亲切自然

多见者识广，博览者心宏。阅历丰富的主持人能从不同的维度分析问题、解决问题，巧妙地组织语言。阅历丰富才会有生动的故事，才会生发出更多的真情实意，给受众亲切自然的感觉。

（四）擅讲故事，随机应变

讲好故事，事半功倍。作为文艺节目主持人，要善于讲故事，用生动的语言串联节目各部分内容，遇到突发情况能根据现场情况随机应变，调动储备知识及时应对现场的突发状况。

三、文艺节目即兴主持实例分析

（一）

1. 即兴主持题目

请以"沙、青春、家书"为关键词，即兴主持一档节目。[①]

2. 即兴主持实例

现场以及电视机前的观众朋友们，大家好！这里是中央广播电视总台《闪亮的名字》大型公益晚会的直播现场，我是主持人舒越，欢迎各位。

在我们这方舞台上，我们认识了一个又一个闪闪发光的中国人。在今天的节目中让我们继续走进一个"90后"女兵的故事。

提起女兵大家会想到什么？提起在沙场上做女炮兵，大家又会想到什么呢？这个人叫袁远，1996年出生，从军五载，两立战功。从一名准空姐到现在中国首个女子炮兵班的班长。她用自己的拼搏书写了无悔的青春。

在西藏地区做女炮兵，常年与风沙为伍，雪山做伴。姑娘们的脸上都晒出了高原红，可袁远却说："这是她青春最好的底色。"正是她们的坚守让她们的青春充满了意义。到现在袁远已经有四年没回家了，在她第一次穿上那身军装

---

① 参见中央广播电视总台2019主持人大赛文艺类总决赛第一轮。

前，爸爸给她带来了一封家书。

今天在我们《闪亮的名字》的舞台上，袁远将为大家分享这封家书，让我们一起掌声有请袁远。

3. 即兴主持解析

这段即兴主持很快地抓住了"沙""青春""家书"这三个词之间的关联。可能很多选手或观众会觉得有点诧异，对于这三个词我们要讲什么呢？我们怎么去构架整个讲话的结构呢？在我看来，真正的关键词只有一个。你可以把它锁定在"青春"，也可以把它锁定在"家书"，这将成为你后面讲述的主线。当然，这三个词当中还有个词是意向词。

我认为刚才这道题的意象词是"沙"，如"黄沙百战穿金甲""风里卷黄沙""黄沙万里昏"等。它在我们的印象当中是遥远，是艰苦，是陌生，是偏僻，那么如何把这个意象和你锁定的那个最重要的关键词"青春"结合在一起呢？舒越做到了，她以"女兵"把它们勾连起来。最后如果能在"家书"上再做那么点文章，那就完美了。

（二）

1. 即兴主持题目

请以"列车、草原、妈妈"为关键词，即兴主持一档节目。[1]

2. 即兴主持实例

现场的各位朋友，欢迎来到今天的《中国故事》。

人类可以发出的最美好的语言就是妈妈，在蒙语当中妈妈又被叫作额吉。

20 世纪 60 年代初，一场自然灾害席卷南方大地，在周恩来总理的亲自关怀下，3000 名国家的孤儿坐着列车，从黄浦江边来到内蒙古大草原，大草原成为他们的第二故乡。

当时 19 岁的都贵玛是草原的一位保育员，她没有结婚，没有孩子，却收养了 28 名孤儿，从学喂饭、喂奶粉、换尿布开始，都贵玛用爱呵护这些孩子们成长。

---

[1] 参见中央广播电视总台 2019 主持人大赛文艺类总决赛第一轮。

孩子们刚来草原的时候，不适应，想家想妈妈，都贵玛就整夜整夜用草原的歌曲呵护他们入睡。在她的悉心照料下，28 名孩子在那样艰难的条件下存活下来，并且茁壮成长。都贵玛最开心的事情就是听孩子们叫她一声额吉，她感谢这些孩子，让她体会到了做母亲的快乐。

我想，收养一个孤儿叫善良，收养 3000 名国家的孤儿则是民族的博爱，这些国家的孤儿、"国家的孩子"和草原的额吉，共同向我们抒写了超越民族、超越地域的传奇故事，也让我们看到 56 个民族一家亲的温暖，同时我们也感受到在灾难面前中华儿女相互扶持的民族大爱。

接下来，请跟随我走进《中国故事》，走近"国家的孩子"。

3. 即兴主持解析

草原、辽阔、博、沉默、宽厚，它很容易就可以和母亲那种伟大的胸怀对应起来，但是当时我在想，怎么把列车这个元素加进去呢？主持人真的是太聪明了，一下就找到了典型事例和典型人物。我都觉得找不出比这个更合适的故事，能把这三个词有机地关联在一起了，而且故事讲述得也非常清晰。如果能再增加点新闻元素就更好了，因为在新中国成立 70 周年之际，都贵玛刚刚获得了"人民楷模"的国家荣誉称号。

实践训练

一、材料型文艺节目即兴主持训练

训练要求：根据下列材料进行文艺节目即兴主持。节目名称自拟，脱稿主持。可查阅相关资料，补充信息。注意节目基调的把握，语言流畅，副语言大方得体。

1. 2022 中国非遗面食大会启幕：让非遗融入生活

16 日，2022 中国非遗面食大会在山西太原启幕。此举意在加强非遗面食传统技艺保护与传承，弘扬面食文化，促进非遗与旅游业深度融合，助力非遗融入现代生活。

以"乐享非遗'面'向未来"为主题的非遗面食盛会，由中国烹饪协会、山西省文化和旅游厅、太原市人民政府主办。

面食是中国非物质文化遗产的重要组成部分，保护、传承、弘扬中国非遗面食文化意义重大。

开幕式上，在展播的全国和山西非遗面食大会宣传片中，湖北热干面、山东福山大面、兰州拉面、陕西羊肉泡馍等一道道来自全国各地的非遗面食以及各类山西本地美食让在场嘉宾领略了中国面食文化的博大精深。

（中国新闻网 2022 年 12 月 17 日）

2. 文化活动多彩 礼赞伟大时代

中华优秀传统文化代代相传，表现出的韧性、耐心、定力，是中华民族精神的一部分。国庆假期，人们游古巷、品民俗、赏非遗，传承中华优秀传统文化，汲取精神滋养。

国庆假期，天津南开区古文化街景区的"津味民俗游园会"正式开园。在景区的天津民俗博物馆内，工作人员身穿长褂、手持折扇，以风趣的方言与游客对话猜谜。游客王坤说："在国庆假期能有机会欣赏到中幡、二魁摔跤等非遗项目，加深对中华优秀传统文化的了解，很有意义。"

在河北石家庄市新华区文体中心，一场"非遗雅集"吸引了众多居民参加。"尺八音色苍凉辽阔，要演奏出空灵的意境。"尺八制作技艺传承人曹昊现场演示乐器制作流程，还手把手地教人演奏。古琴演奏、叶雕画、岳氏八翻手等非遗项目也轮番登台，赢得阵阵掌声。"假期的文化活动真丰富，家门口好戏连台！"88 岁的市民张荣素说。

10 月 2 日，福建泉州市永春县的五里古街游人如织。在纸织画研学基地，非遗传承人林志恩娴熟地展示纸织画编织技艺，引得游人一起动手体验。不远处一家香坊内，游客们品茗、听琴、赏画，神情惬意。"每天都有上千人来参观体验，感受文化魅力。"香坊负责人黄昱介绍。

"每逢重大节庆活动，广西各族群众常会敲响铜鼓，庆贺祈福。"10 月 2 日，广西民族博物馆内，讲解员正带领游客参观铜鼓文化等特色主题展览。许多家长带着孩子参与铜鼓拓印、铜鼓花灯制作等体验活动，并观看马骨胡、芦笙等民族特色乐器展演。

（人民网 2023 年 10 月 3 日）

3. 谷爱凌：我的自信不是靠长相，而是靠滑雪！

中新网北京 4 月 16 日电 她是北京冬奥会 2 金 1 银得主，是爱吃韭菜盒子的"青蛙公主"，今晚她却以别样精彩的另一面，再次惊艳所有人。在 16 日晚举行的"中国冰雪之夜"晚会上，万众瞩目的谷爱凌以一种欢快可爱、青春洋溢的方式亮相——她用灵动的十指在黑白琴键上弹奏出优美的旋律，又用朋友交心般自然大方的演讲，诠释了《自信的青春》。正如她在话语中流露出的感悟一样，基于热爱收获自信、因为自信所以美丽，所有朝气蓬勃的生命，都应该活得神采飞扬。

谷爱凌说："自信是可以学习的。"对于谷爱凌而言，滑雪就是她自信的来源："通过滑雪我找到了友谊，通过滑雪我找到了自信，不是通过长相。"

还记得今年北京冬奥会自由式滑雪女子大跳台决赛的比赛中，谷爱凌在最后一跳中首次跳出了 1620 的超高难度。谷爱凌透露，其实比赛前一天晚上，她和母亲商量，不会做这个动作。

但是在第二跳完成后，谷爱凌决定要挑战自己："我已经知道我要挑战了，因为我从 9 岁开始，我的目标一直是同样的。我一直想让更多的中国青少年们，尤其是女孩，去接触并爱上冰雪运动，通过运动找到自信，去打破自己的界限，并变成最好的自己。"

幸运的是，谷爱凌完美完成了 1620 的挑战，并将该项目的金牌收入囊中。"我做这个 1620 动作时，是我人生感觉最美、最自信的一刻。通过滑雪，我变成了最好的自己。我找到了我的平台、方法，让更多人了解这个运动。"

对于如何提升自信心，谷爱凌也给出了自己的答案。她认为，要先给自己定一些目标，然后想方设法完成它。"'对自己生活有控制'，特别让我们有力量。所以对年轻人来说，我唯一的、最大的建议就是出去锻炼锻炼。你可以跑步，可以滑雪，可以游泳，可以打篮球。"

晚会现场，有小朋友向谷爱凌提问："你心里最宝贵的品质是什么？"谷爱凌毫不犹豫地回答："最宝贵的品质就是自信。"

自信不是自大，也不是自认为完美。而是像谷爱凌那样，为自己热爱的东西拼尽全力，打破界限。无论最后是否成功，突破的那一刻，或许就是人生最自信的瞬间吧。

（中国侨网 2022 年 4 月 17 日）

4. "父与子"进《封神》 神话故事讲当下

电影总是要讲一个故事，而故事的观众总是好奇那个结局。那么，对一个所有中国人都知道结局的故事，还能看些什么呢？

7月20日，乌尔善导演的电影"封神"三部曲的第一部在全国上映。对流传了3000年的封神故事，古人已经演绎出宋元话本《武王伐纣平话》与明代小说《封神演义》，当代也有多个版本的影视作品，1990年首播的电视剧《封神榜》至今仍是"80后""90后"的童年记忆。

在电影《封神第一部：朝歌风云》中，费翔版的商王殷寿与黄渤版的姜子牙，足够吸睛，却不是"男一号"，一个年轻人走到"众神"之前——当观众的视线总是聚焦在纣王、妲己、姜子牙、杨戬、哪吒等著名角色时，乌尔善选择姬发作为主角。这位在史书上名垂千古的周武王，在《封神演义》的"宇宙"中算不得明星人物。

在接受记者专访时，乌尔善说："站在创作者的角度，我要找最打动自己的人物关系和事件。对我来说，打动我的不是那些神仙法术，而是两对父子关系——姬昌与儿子伯邑考、姬发，纣王殷寿与儿子殷郊。父子关系让我觉得非常有力量，他们之间的故事也非常有情感的冲击。"

"每个民族到了一定的阶段，都要对自己的民族文化、民族精神，有一个追溯、提炼和重新表达。"乌尔善说。那这一次，我们从"父与子"进入《封神第一部：朝歌风云》。

（《中国青年报》2023年7月21日）

5. 七旬退休教师：下俚歌的传承者

今年77岁的陈明仲是广西梧州市长洲区一名退休的特级教师，也是区级非遗代表性项目下俚歌的传承人。

下俚歌是梧州市长洲区的特色乡间民谣，有着几百年的传唱历史。陈明仲自幼学唱，进入学校读书后，他开始学习创作下俚歌。在后来当中学老师的过程中，他创造性地将语文课程中的古诗词改编成通俗易懂的下俚歌词，让学生们深入理解诗文的同时，也感受到民间传统文化的魅力。

2006年，陈明仲退休后，把更多的精力投入到下俚文化的传承和发展工作上。他坚持编歌、写书，教青少年唱下俚歌，指导乡镇成立下俚歌诗社，通过群众喜闻乐见的文化活动，促进民族之间的交往与交流。

（新华网2023年9月7日）

6. 文化消费添书香

为了提升全民阅读的深度和广度，"与大师一起读好书"活动联合实体书店、出版机构及图书电商平台等机构，通过名家讲座、名家分享会、在线直播等形式，打通线上与线下，广泛联结读者与作者，引领"一起读、读好书"的阅读风尚。"打卡特色书店"活动则网罗了北京独具特色的书店与阅读空间，借助"云线路打卡＋宝藏地图＋实地打卡＋手机挖宝＋锦鲤大奖＋印章收集"的多元互动形式，激发市民和游客走进实体书店的热情。

（《人民日报（海外版）》2023 年 8 月 30 日）

7. 有根、有脉、有魂：专家共话新时代儿童文学创作

儿童文学是专为少年儿童创作的文学作品，颇受小读者喜爱。进入新时代，我国儿童文学迎来作品数量井喷式增长和原创质量稳步提升的黄金发展期。老中青三代儿童文学作家携手，为少年儿童的精神成长提供了大量优质作品。少儿出版也完成了由"进口为主"向"中国制造"的转型升级。

新时代背景下，儿童文学工作者特别是青年作家如何讲好中国故事？如何更好丰富广大少年儿童的精神文化生活？

近日在京举行的儿童文学论坛暨儿童文学青年作家作品研讨会上，专家学者共聚一堂，聚焦"新时代青年儿童文学作家的使命与担当"这一主题展开交流研讨。专家认为，当下是儿童文学的大时代、童书出版的大时代和儿童阅读的大时代，儿童文学创作要植根现实生活、传承中华文化、反映时代精神，为少年儿童的健康成长打好精神底色，提供积极向上的正能量。

（新华网 2023 年 9 月 4 日）

8. 传统文化与影视创作可以双向赋能

近期，大小屏幕上都掀起了一股传统文化热。电影《长安三万里》用精美动画呈现唐代诗人立体丰满的形象和唐诗作品丰盈悠远的意境，将电影院打造成了诗词文化课堂。电影《封神第一部：朝歌风云》以震撼视效激发观众对神话世界的向往，不少人观影后，饶有兴致地结合原著考证电影里的情节。还有剧集《后浪》《梦华录》、文化类节目《登场了！北京中轴线》《经典咏流传·正青春》、动画短片合集《中国奇谭》等，都是近些年影视行业布局传统文化

题材创作取得的丰硕成果。这些作品在丰富的文化知识中开掘新颖的讲述视角，将真挚的民族情感融入创新的视听语言，赋予传统文化鲜活的生命力和强劲的传播力。

（《光明日报》2023 年 8 月 1 日）

9. 我国首次参加奥运会只有一名参赛选手

91 年前的今天，中国第一次参加奥运会，23 岁的刘长春"单刀赴会"，虽因旅途劳顿和训练不足无缘决赛，却开启了中国人的奥林匹克之路。当时的报纸这样写道：我中华健儿，此次单刀赴会，万里关山，此刻国运艰难，愿诸君奋勇向前，愿来日我等后辈远离这般苦难！且看今日中国，盛世如你所愿。

（新华网 2023 年 7 月 30 日）

10. 呵护"文博热"背后的敬心与诚意

这个暑期，"文博热"有增无减，文博院馆的客流用"井喷"来形容实不为过。根据网友上传的图文动态，在热门文博机构中，目之所及都是"人从众"的密集身影，热门展览门票基本都是"手慢无"。面对"波涛汹涌"的客流以及公众高涨的参观热情，不少文博机构纷纷调整相关入馆政策。

据媒体报道，陕西历史博物馆周日延长开放时间；北京多个景区场馆调整预约放票时间，一些景区场馆提前或延长开放时间；江西滕王阁管理处临时开放夜游场……国家文物局日前更是发布通知，要求各地加强博物馆暑期等节假日开放服务工作，"一票难求"的热门场馆应提前做好预案，结合自身承载能力，适当增加门票投放量或预约名额等。

（《光明日报》2023 年 7 月 27 日）

二、命题文艺节目即兴主持训练

训练要求：根据下面节目即兴主持。自主确定节目方向和主要内容，可查阅相关资料，节目内容充实，框架合理，有一定的主题升华。主持时间为 5 分钟。

1.《文化十分》。

2.《向幸福出发》。

3.《我的艺术清单》。

4.《艺览天下》。

5.《舞蹈世界》。

6.《艺术人生》。

7.《天天把歌唱》。

8.《中国诗词大会》。

9.《开门大吉》。

10.《回声嘹亮》。

三、话题类文艺节目即兴主持训练

训练要求：按题目要求完成下列主持。围绕题目的核心内容展开，注意把握不同类型的节目基调、语言特点、主持风格。主持状态要积极、语言流畅、亲切感强。主持时间为 3 分钟。

1. 在中国的传统节日端午节这一天，你身在"全国包粽子友谊赛"总决赛的活动现场，请进行一段主持。

（中央广播电视总台 2023 主持人大赛第一期竞赛题目）

2. 你是中秋晚会大湾区分会场的主持人，来自粤港澳三地的歌手将共同演唱歌曲《但愿人长久》，请进行一段主持。

（中央广播电视总台 2023 主持人大赛第一期竞赛题目）

3. 遵义开往重庆西的 5630 次列车增设了"列车集市"主题文化车厢，帮助沿线村民售卖农产品、土特产等，助力乡村振兴。假如在一场助农直播活动中，你正身处热闹的"列车集市"，请你进行一段主持。

（中央广播电视总台 2023 主持人大赛第一期竞赛题目）

4. 在一个火锅文化节开幕式的现场，文化节主题是"火锅吃起来，日子火起来"，请你进行一段开场主持。

（中央广播电视总台 2023 主持人大赛第一期竞赛题目）

5. 大熊猫和花（小名为花花）是熊猫界的"女明星"，饲养员谭金淘（谭爷爷）也因为与花花的日常互动及四川方言"果赖"（过来）圈粉无数。假如在一档节目中，将连线谭爷爷和花花，请你进行一段主持。

（中央广播电视总台 2023 主持人大赛第一期竞赛题目）

6. 歌曲《绿水青山》描绘了一幅"稻田上、东篱下、山水美如画"的乡村振兴新画卷。假如在一个晚会中，青年歌手将演唱这首歌曲，请你进行一段主持。

（中央广播电视总台 2023 主持人大赛第一期竞赛题目）

7. "春眠不觉晓，处处闻啼鸟""好雨知时节，当春乃发生"。假如在一档诗词类文化节目中，本期主题是"春天"，请你进行一段主持。

（中央广播电视总台 2023 主持人大赛第一期竞赛题目）

8. 在一档跨年节目中，当期主题是"给未来的自己写一封信"，请你进行一段主持。

（中央广播电视总台 2023 主持人大赛第二期竞赛题目）

9. 立春吃春饼，立秋吃西瓜，冬至吃饺子，节气有其相对应的美食习俗。假如在一档美食文化节目中，当期主题是"节气美食"，请你进行一段主持。

（中央广播电视总台 2023 主持人大赛第二期竞赛题目）

10. 湖南湘西边城机场实现通航，十八洞村村民们实现了"家门口坐飞机"的梦想。假如在一档名为《美丽乡村新变化》的节目中，当期主题是"再看十八洞村"，请你进行一段主持。

（中央广播电视总台 2023 主持人大赛第二期竞赛题目）

11. 在一档年末的特别节目中，一位参与连线的观众分享了两张全家福，一张是十年前父母牵着自己的手，一张是去年自己搂着父母的肩。请你进行一段结尾主持。

（中央广播电视总台 2023 主持人大赛第二期竞赛题目）

12. 在一档亚运会特别节目中，运动员代表将带领百人团，进行一场主题为"全民运动，喜迎亚运"的助力跑活动，请你进行一段主持。

（中央广播电视总台 2023 主持人大赛第二期竞赛题目）

13. 你正在主持一档露营观星的新媒体直播节目，在直播即将结束时，原本遮挡天空的云雾慢慢散去，漫天星斗闪耀。请你进行一段主持。

（中央广播电视总台 2023 主持人大赛第二期竞赛题目）

14. 在一档节目中，你来到了大学校园，探访新生军训的闭营仪式，请你进行一段主持。

（中央广播电视总台 2023 主持人大赛第二期竞赛题目）

15. 在全国广场舞大会中，接下来要进行比拼的两支队伍是"活力奶奶队"和"长腿爷爷"队，请你进行一段主持。

（中央广播电视总台 2023 主持人大赛第二期竞赛题目）

16. 请以"家乡的骄傲"为主题，进行一段即兴主持。

（中央广播电视总台 2019 主持人大赛第一期竞赛题目）

17. 请以"家乡的味道"为主题，进行一段即兴主持。

（中央广播电视总台 2019 主持人大赛第一期竞赛题目）

18. 假设在中国的传统节日中秋节这一天，你将与海外华侨进行直播连线，请你进行一段即兴主持。

（中央广播电视总台 2019 主持人大赛第二期竞赛题目）

19. 假设在中国的传统节日重阳节这一天，晚会现场请到了一个五世同堂的家庭，请你进行一段即兴主持。

（中央广播电视总台 2019 主持人大赛第二期竞赛题目）

20. 在小年夜"CCTV 网络春晚"的直播现场，即将与在高铁上的外景主持连线，邀请车厢里的乘客与演播室内的歌手一起进行"实时欢唱"，请你进行一段主持。

（中央广播电视总台 2019 主持人大赛第三期竞赛题目）

21. 在"花开中国——时代女性盛典"晚会中，将讲述不同行业女性"巾帼不让须眉"的新时代中国故事，请你进行一段主持。

（中央广播电视总台 2019 主持人大赛第三期竞赛题目）

22. 在致敬经典的访谈类节目中，请到了 75 岁的著名歌唱艺术家李谷一，请你进行一段主持。

（中央广播电视总台 2019 主持人大赛第四期竞赛题目）

23. 2020 元旦跨年晚会的主题为"这就是青春"，在新年的钟声敲响的这一刻，请你进行一段主持。

（中央广播电视总台 2019 主持人大赛第四期竞赛题目）

24. 在"五月的鲜花"全国大中学生文艺演出中，接下来的节目是来自56 个民族的学生共同演唱歌曲《我和我的祖国》，请你进行一段开场主持。

（中央广播电视总台 2019 主持人大赛第五期竞赛题目）

25. 在一档国宝鉴赏类节目中，即将讲述中国十大传世名画之一的《千里江山图》，请你进行一段主持。

（中央广播电视总台 2019 主持人大赛第五期竞赛题目）

四、晚会主持训练

（一）晚会开场和结束主持训练

训练要求：主持词要符合晚会主题和场景，可借用手卡进行训练，语言流畅、自然，符合舞台主持的要求。

1. 中央广播电视总台春节联欢晚会。
2. 中央广播电视总台中秋晚会。
3. 奔跑的青春——2023 五四青年节特别节目。
4. CCTV 慈善之夜。
5. 感动中国十大人物颁奖典礼。
6. "巴蜀风韵"主题文艺晚会。
7. 中国乡村振兴春节联欢晚会。
8. 网络春节联欢晚会。
9. 新年新诗会。
10. 跨年晚会。

（二）晚会节目串词训练

训练要求：两人一组，由一人描述接下来表演的节目类型和名称，另一人即兴添加主持词，可以交替进行训练。

1. 独唱《在希望的田野上》。
2. 舞蹈《只此青绿》。
3. 相声《我要上春晚》。
4. 小品《敬老院相亲》。
5. 魔术《千变万化》。
6. 杂技《绽放》。
7. 戏曲《中华大拜年》。
8. 歌舞《此心安处是吾乡》。

9. 歌舞《万事如意》。

10. 儿童歌舞情景节目《幸福成长》。

第三节 其他类型节目即兴主持

理论概要

一、少儿节目即兴主持

（一）少儿节目概念及范畴

以未成年人为受众群体，内容和形式都具有鲜明的儿童特色的电视节目，称为少儿节目。少儿节目包括综合类、体验类、动画剧场类等。

（二）少儿节目即兴主持要领

第一，了解青少年的语言习惯和方式，语气要温暖柔和，不宜过重、过硬。

第二，区分不同年龄段孩子的收看习惯和喜好，对年龄较小的孩子，可多使用肢体语言配合有声语言进行主持。

第三，一些特定场合中，主持人应充分考虑青少年的心理，比如当主持人和儿童身高差距较大时，可以蹲下与之进行交流。

第四，在与青少年采访交流环节，主持人要充分尊重他们的意愿和表达，尽量不要强行打断或否认。

二、体育节目即兴主持

（一）体育节目概念及范畴

体育节目是指以传播体育信息（包括体育赛事、体育新闻、体育专题等）

为主的广播电视节目。

（二）体育节目即兴主持要领

第一，体育节目整体语速较其他节目偏快，节奏紧凑。

第二，提前储备体育节目中常见的专有名词，以便主持时能很好地为受众解释。

第三，提前储备运动员的基本信息，特别是一些出错率较高的外国运动员的名字。

第四，不能只关注赛事，也要有意识地关注和体育相关的政策、行业等。

三、谈话节目即兴主持

（一）谈话节目概念及范畴

谈话节目是指以面对面的口头交流信息为主的电视节目形式，它涵盖了主持人与嘉宾的一对一或一对多的访谈节目。[①]

（二）谈话节目即兴主持要领

第一，主持人开场语设计尽量简洁、清晰、明了，一般采用开门见山式，快速进入主题，激发观众的参与热情。

第二，主持人要学会倾听，适时根据节目节奏礼貌地打断和插话，引导话题不偏题、不跑题。

第三，主持人要多找共同点、共情点，引发共鸣，拉近与嘉宾的距离。

第四，在已准备好结束语的基础上，主持人要结合现场谈话实际情况适时进行调整。

---

① 胡智锋：《电视节目策划学》，上海：复旦大学出版社，2010年版，第56页。

实践训练

一、少儿节目即兴主持训练

（一）材料型少儿节目即兴主持训练

训练要求：根据下列材料主持一档少儿节目。节目名称自拟，包含开场白、结束语，中间部分可根据节目定位进行删减或增加。主持时间为3分钟。

1. 关岭少儿古诗词兴趣班开班

1月17日，关岭自治县"发挥统战优势，建设美丽关岭"系列公益活动之少儿古诗词兴趣班正式开班，县政协主席赵宗舜出席活动。

据了解，此次公益培训班由关岭县委统战部党外人士活动中心主办，从1月17日开始，到1月27日结束，为期8天，共24课时。报名培训的学员共43名，其中37名为少数民族学员，学员全程免费参与学习。

在学生家长韩佳佳看来，孩子们学习古诗，能陶冶他们情操，培养他们的兴趣爱好，也能把古诗词融入写作当中，让他们学习更好，对自己更自信，对提高孩子们的学习有很大的帮助。

（人民网－贵州频道2022年1月19日）

2. 海口举办第22届少儿"蒲公英"大赛　丰富少儿暑期生活

近日，由海口市旅游和文化广电体育局、海口市教育局主办，海口市群众艺术馆承办的海口市第22届少儿"蒲公英"音乐、美术、朗诵比赛正式启动，今年报名人数接近一万人，目前各项赛事正在紧张进行。此次活动旨在丰富海口市少年儿童暑期文化生活，展示少年儿童艺术成果，提升少年儿童文化素养。

日前，在"蒲公英"比赛朗诵类决赛现场，选手们用饱满的热情及精彩的表现形式，展示着各种不同题材的中国文学作品，以所选作品为依托展现中国文学魅力。现场，选手们用准确流利的话语、抑扬顿挫的韵律、充满感情的声音，朗诵了《祖国啊，我要燃烧》《春天吹着口哨》等优秀文学作品，赢得在场观众阵阵掌声。

"蒲公英"美术类复赛将于本周拉开帷幕，7月14、15、16日连续三天进行三个组别的现场绘画比赛。本次复赛主题以"我为海口作宣传",从人文、事物、景物、行为方式、民俗风情、非遗文化等方面描绘、宣传海口,让孩子们在城市中发现美,并用自己熟悉的画作去记录这些美,真正将艺术技能运用于生活,表达自己对这座美丽滨海城市的热爱。比赛邀请美术专家组成评委会进行评审,确定最终获奖成绩。

"蒲公英"音乐比赛中,民乐古筝类、民乐综合类、声乐类、西洋钢琴类、西洋综合类等5个类别的初选已经结束,经过专业评审老师对初赛视频的细致观看和打分,现已得出初赛成绩及排名,复赛和决赛暂定于8月中旬到下旬举行。

(人民网－海南频道 2023 年 7 月 13 日)

3. 首届"广西少儿美术双年展"在南宁举办

8月3日,广西美术家协会与广西美术馆联合举办的首届"广西少儿美术双年展"在广西美术馆举行。

自征稿发布,展览便得到了社会各界的广泛关注,反响十分热烈,共收到全区14个地市中小学、校外培训机构共10800多幅作品,展览组委会按照公平、公正、公开的原则,从美育角度出发,鼓励少年儿童保持天趣,鼓励个性化,不提倡成人化创作和标签图解式的创作,优先考虑正能量题材且符合儿童各年龄段特点的作品,对有特色、有潜力的作品进行深入挖掘,经组委会组织专家多轮严格评选,入选参展的作品共计200件,其中优秀作品100件。

此次展览涵盖了中国画、版画、水彩(粉)画、线描、拼贴画、剪纸等多种艺术形式。在展览厅内,融合了广西文化元素的作品随处可见,少年儿童们用自己的方式演绎心中的广西故事,传达了对广西文化的热爱和自豪。

据了解,该展览旨在通过不同的艺术表现手法,充分发挥少儿的想象力和创造力,鼓励少年儿童积极观察、思考、创作和表达,给他们提供一个展示自己才能、放飞梦想的舞台,让他们用稚拙的画笔勾勒出家乡美丽的风景,用色彩和线条表现出对家乡美好生活的热爱与向往,引导少年儿童树立健康正确的审美观。

(人民网－广西频道 2023 年 8 月 4 日)

4. 中国城市少儿足球联赛总决赛在云南开远开赛

8月12日,第四届"中国足球发展基金会杯"中国城市少儿足球联赛总决赛在云南省红河哈尼族彝族自治州开远市正式拉开序幕。

首轮比赛在开远市体育中心和开远市足球基地同时打响。赛场上，足球小将们技术娴熟、配合默契，足球在球员们的脚下来回穿梭，精彩的传球、射门、扑救轮番上演，每一次进攻和防守都在考验球员们的应变能力和团队协作能力，各支球队都展现了出色的足球技巧。

"我来自重庆市南岸区，是 U8 组别的，希望我们的球队能在这次开远比赛中取得前三的好成绩。"来自重庆冠达足球俱乐部（U8）罗一宸说。

本次比赛中，来自全国 12 个预赛城市的 40 支队伍，近 600 名运动员，将在接下来 5 天时间里通过 129 场比赛，决出 5 个组别的全国总冠军。

（人民网－云南频道 2023 年 8 月 14 日）

5. 传统文化进校园

近年来，河北省承德市双桥区各中小学通过开设特色课程、开展社团活动等方式，将传承优秀传统文化贯穿教学全过程。目前，当地各中小学校已开设太极扇、剪纸、篆刻、舞狮等 40 余个课程，学生在浸润式的课程中，感受中华优秀传统文化的魅力。

（新华网 2023 年 9 月 14 日）

（二）命题少儿节目即兴主持训练

训练要求：根据下面的节目进行主持。主持前可查阅相关资料，确定节目定位、方向及内容，注意区分针对不同年龄段儿童的节目内容设计。语言表达清晰、流畅，注意少儿节目的基调与风格。

1.《智慧树》。

2.《新闻袋袋裤》。

3.《大风车》。

4.《快乐童行》。

5.《七巧板》。

6.《文学宝库》。

7.《快乐大巴》。

8.《童心回放》。

9.《快乐体验》。

10.《异想天开》。

二、体育节目即兴主持训练

训练要求：根据下列体育新闻内容，主持一档体育节目。注意专业词汇的准确使用、串联词的承上启下、信息的筛选。语言表达口语化，内容要包含节目开场白和结束语，新闻顺序自拟。

▌强调不过度保障　中国大众田径赛事今后这么办!

据中国田径协会消息，8月17日，中国田径协会组织召开了2022年"全民健身日"主题活动暨大众田径健身达标系列赛期中总结座谈会。会议对赛事进行期中总结，为系列赛的持续健康发展建言献策，携手社会各方力量共同促进大众田径赛事的高质量发展。

会上，中国田径协会要求各赛事主办单位严格按照《大众田径健身达标赛事管理办法》组织赛事活动，扎实做好群众性赛事的安全保障工作，要求各赛事组委会及时纠正和落实比赛监督提出的整改意见，同时进一步按照属地要求做好赛事疫情防控工作，保障赛事安全顺利举办。

为提高大众田径赛事办赛质量，吸引更多人参与大众田径项目，座谈会上围绕安全与简约、展示与宣传、专业与趣味、田径与其他项目融合等主题展开了深入探讨，提出了简化创新赛事仪式，强调不过度保障，坚持赛事的公益属性、公共服务属性，开展适合家庭亲子参与的趣味田径项目，丰富赛事举办场景，将田径与其他群众赛事项目融合开展，将竞技体育成果向大众转化和展示等建议，并鼓励在即将举办的系列赛中进行积极尝试。

与会人员还共同学习了新修订的体育法中关于全民健身章节的有关内容，学习了解从国家体育总局、地方政府到居委会、村委会的全民健身体系，建议大家要充分依靠、遵循和发挥好体育法已经确认和建立的有利机制，走出传统的体育圈，要与社会进一步接轨、走向社会、走进社区。

今后，协会将继续协调资源、协调需求、协调社会各界，与各省市田径中心、各级田径协会、各单位会员共同携手提升大众田径达标赛事品质，为实施全民健身国家战略，加快体育强国建设，助力健康中国建设贡献田径力量。

（中国新闻网2022年8月19日）

▌新潮水上运动成中国年轻人 "新宠"

在河北秦皇岛北戴河新区，白色风帆在蓝色海面上跳跃，点燃了这个夏日的激情。帆船、桨板、皮划艇、尾波冲浪等户外水上运动，正突破小众运动圈层成为民众"新宠"。

今年 16 岁的吴冠辰已经接触帆船运动 6 年了，每当暑假，他都会从北京来到秦皇岛参加帆船夏令营，如今他已经能独自驾驶帆船直面海浪。

"帆船运动给我最大的感受是面对风浪时可以磨砺意志，而且在这里认识了许多志同道合的朋友。"吴冠辰说，面对这项充满挑战性的运动，自己除了身体素质提高了，心理素质也变得更强大。

据北京航海中心北戴河基地经理段亚彬介绍，每年有超 1000 位学员来体验帆船运动，学员年龄集中在 8 岁至 18 岁。秦皇岛拥有 162.7 公里海岸线，温度适宜、风力稳定，全年 7 个月以上适合开展帆船活动，成为京津冀区域帆船爱好者青睐的水上休闲运动旅游目的地。"这两年越来越多的年轻人喜欢上帆船运动，专程来这里体验、学习。"

如果说帆船运动是体验"乘风破浪"，那桨板更像是踏浪。由于趣味性强、体验门槛低，桨板在今年夏天凭借"不会游泳也能玩"的容易度迅速与年轻人打成一片。不少年轻人化身"水上漂"，手拿一根划桨，站立在一块长三米左右的桨板上，颇有"一叶孤舟小"的韵味。

"桨板让我有一种站在水面上的感觉，视野很开阔，而且是很消耗卡路里的运动。"今年 25 岁的桨板运动爱好者李梦泉说，自己今年 4 月份刚接触桨板，在教练指导下，仅用几分钟就能站立在桨板上，现在，她正在向"海上桨板"进阶。"相对于在平静的水面上玩，'海上桨板'多了逐浪的快乐，京津冀很多专业玩家会来秦皇岛海边划桨冲浪。"

李梦泉说，桨板运动服务商家往往还配备专业摄影师，赠送拍照服务。"这一点也很契合当下年轻人在社交平台上的分享欲，我见过有穿汉服拍照的，也有拍婚纱照的，这让桨板可玩性更丰富。"

（中国新闻网 2022 年 8 月 19 日）

▌全国首个面向东盟体育产业资源交易平台发布

广西－东盟体育产业资源交易平台 19 日在南宁发布。该平台由广西壮族自治区国资委、体育局指导，依托北部湾产权交易所集团打造，是全国首个面向东盟的体育产业资源交易平台。

据介绍，广西－东盟体育产业资源交易平台将为体育行政主管部门、运动协会、体育产业企业及海内外尤其是东盟地区的体育产业交易商，提供产股权转让、赛事承办权、经营开发权、赛事电视转播权、新媒体版权、体育实物资产交易、产业招商等多种服务，同时配套体育活动管理、赛事管理、体育场馆（地）运营、体育经纪代理、体育教育培训、体育产业信息发布、体育产品用品供销等多个业务板块。

前述平台将紧密对接粤港澳大湾区、长江经济带等国家区域发展战略，以构建体育资源交易统一市场为目标，为体育产业的资源拥有方、投资商、赞助商、运营方和各级政府等提供便捷、高效的体育资源流转服务。

平台将通过规范成熟的交易制度体系，有效解决体育产业融资难、市场开发难、优质项目不易发掘等难题，推动体育产业资源高效流转和市场化配置，促进体育产业资源与社会资本有效对接，助力广西体育产业加快实现超千亿元总规模的发展目标。

近年来，广西体育部门通过创新金融信贷扶持、优化营商环境、加大招商引资力度等举措，推动体育产业高质量发展。广西连续 2 年举办中国－东盟体育旅游活力月，今年首次把活力月纳入中国－东盟博览会。同时，广西率先创建全国首家健康运动产业主题银行。

当天发布仪式上，"第一届全国学生（青年）运动会资源开发项目""五菱科技项目（水上运动装备制造等）"等体育产业资源项目展开推介。

发布仪式由广西宏桂资本运营集团、北部湾产权交易所集团主办，华奥星空科技发展有限公司、西南联合产权交易所、内蒙古产权交易中心协办。

（中国新闻网 2022 年 8 月 19 日）

▌大运有我｜首金获得者曹茂园：　看到运动员们幸福的笑容，我很自豪

7 月 29 日上午 9 点，成都市城北体育馆格外热闹，虽然比赛已经开始，

但依然有不少观众陆续进场。20 分钟后，这里将产生成都大运会第一枚金牌。

来自成都体育学院的曹茂园在教练的陪同下，在进场通道外踱步，在调整状态的同时，一遍遍思索接下来自己的比赛动作。随着赛场内音乐响起，曹茂园昂首挺胸、眼光如炬，一套动作行云流水、气势如虹。9.770 分！曹茂园以接近完美的表现，拿到了成都大运会武术项目男子南拳比赛冠军，这也是本届大运会的第一枚金牌。

从曹茂园登场亮相到一套动作结束，仅仅用了 1 分 33 秒，但这背后是这位土生土长的成都小伙二十多年的刻苦与坚持。曹茂园自 5 岁开始习武，12 岁就代表四川省武术队参加全国比赛。在所有认识他的老师眼中，曹茂园都是一个"有灵性、有天赋"的运动员。在成都大运会武术项目选拔赛上，曹茂园夺得了男子南拳和男子南棍两项冠军，从而获得代表中国参加大运会的资格。

今天，曹茂园在全场观众的欢呼声中，登上领奖台，胸前是一枚沉甸甸的金牌。回顾比赛，曹茂园说："我对自己今天的发挥还是比较满意的，给我自己打九分。观众非常热情，让我很兴奋，教练也一直嘱咐我要把情绪压下来，不能因为环境的改变打断自己的动作和节奏。"

赛后，曹茂园说他非常自豪。自豪的不只是自己在父老乡亲面前拿到了大运会的首金，更自豪自己的家乡受到了来自世界各地青年的喜爱。他说："成都是一座来了就不想走的城市。我在大运村里，看到来自世界各地的运动员们脸上都洋溢着幸福的笑容，我很自豪。"

（人民网 2023 年 7 月 29 日）

▌女足世界杯｜水庆霞： 中国女足不止有精气神

北京时间 7 月 28 日 19 时，中国女足在阿德莱德迎来了本届世界杯的第一场胜利。在少一人作战的不利局面下，凭借王霜的点球破门，中国女足 1 比 0 艰难地战胜海地女足，继续保有出线希望。赛后，主教练水庆霞在新闻发布会上表示，中国女足在追随世界足球的潮流，除了精气神，还有其他东西在。

张睿在上半场领到一张红牌，打乱了球队原有的战术部署，不得不以十人应战。赛后，王霜表示："首先还是要有自信心。即使是少一人的情况下，也要有不放弃的精神。"

对此，主教练水庆霞则透露她对这个情况"有预案"。"上半场打得挺好，但是下半场可能更艰苦。因为随着时间流逝，对方采取的策略或许会不同。我们压力会很大，要注意协防。我们少一个人，意味着每个人要承担得更多一点"，她谈到。

对海地队的这场胜利，意味着中国队仍然保有小组出线的希望。水庆霞表示，希望队员们在接下来的比赛中不要有太大压力，轻装上阵，展现训练水平。

本场比赛结束后，水庆霞阐述了中国女足的"方向"："足球的世界潮流要求很好的技战术功底，要有很好的传接配合。如果球永远在空中飞，观赏性就会打折扣。将来中国女足也要走地面配合，层层去推进，这就是一个方向。"

水庆霞强调，她希望人们看到，中国女足除了精气神，还有其他东西在。

（人民网 2023 年 7 月 29 日）

三、谈话节目即兴主持训练

训练要求：阅读下列材料，提炼观点，2～3 人一组，完成一档谈话类节目主持。小组成员轮番担任主持人、评论员、嘉宾等不同身份的参与人。节目名称和形式自拟。

▍中老年相亲节目为啥火爆 "出圈"？

"不是我的菜，我就这么坦率！""不靠谱的大爷不比不靠谱的小伙少""你必须伺候我"……这些话不是出自网络段子或搞笑语录，而是来源于中老年相亲节目里的大爷大妈。几个月以来，一批中老年相亲节目火爆全网，有些甚至成了年轻网友热议的话题。

夕阳无限好，人间重晚晴。渴望获得情感依偎、寻找另一半共度余生是人之常情，单身的中老年人同样拥有追求幸福的权利。大爷大妈们在相亲节目中耿直不扭怩、言语坦率犀利，使许多观众印象深刻，也为人们提供了另一个认知老龄化社会的视角。

第七次全国人口普查结果显示，我国 60 岁及以上人口已超过 2.64 亿。另据有关机构估算，我国有婚恋需求的中老年人在 5000 万人以上。电视台纷纷推出中老年相亲节目，无疑是迎合这一庞大需求。网络视频加速扩散传播，更使相关节目火爆 "出圈"。

大爷大妈"硬核相亲"应运而生，并非偶然。中老年人物质生活稳定，渴望获得心灵慰藉。社会对中老年人再婚也非常包容，一些成年子女主动为老人再婚牵线搭桥。毫不夸张地说，种种变化是社会人文进步的细节体现，也侧面反映了中老年人权益得到更好的保障。

因此，中老年人在相亲时的"爆点"，也应被理性看待。经历岁月风霜的洗礼，中老年人很清楚怎样的伴侣适合自己，他们需要的往往不是甜言蜜语、海誓山盟，而是现实的柴米油盐、相互扶持。所以，中老年人在相亲节目中直言不讳，并非在博人眼球。相对于年轻人，中老年人婚恋没有太多容错和试错的空间。尽管他们大方地登上相亲的舞台，但他们持慎重严肃的态度，这并不奇怪。

反观一些段子手，对征婚的中老年人的话语故意断章取义，将所谓的"猛料"剪辑汇总放到网上吸睛引流，难免引发网友误读误解。这不仅是对中老年人婚恋的不当消费，而且使一些当事人面临本不该有的舆论压力，甚至对生活都造成了困扰。这种情况必须引起警觉。

对电视台而言，不仅要考虑相亲节目的收视率，更要立足于服务好中老年征婚群体，要体察他们的个性需求，进行真诚沟通，努力搭建鹊桥。中老年相亲节目"出圈"，制作方更要确保节目传递正确的价值观，谨防内容哗众取宠，不能让中老年人婚恋节目沦为搞笑视频，更不能让本已孤独的后者成为被恶搞的对象。扮演好红娘角色，不辜负长者们的信任，这是媒体应有的社会责任担当。

一旦发现不妥视频，或是接到相关投诉，视频平台应迅速处理。防止涉嫌侵犯他人合法权益的视频传播，不给不良账号和博主以可乘之机，是平台应当秉承的底线。

莫道桑榆晚，为霞尚满天。对于中老年人包括婚姻在内的正当诉求，社会要积极正视并给予支持。真正为中老年人好，就应尊重他们的意愿，以他们愿意接受的形式，提供相关服务，破解潜在羁绊，清除后顾之忧。

"夕阳红"应该是美好而温馨的，谁都无权冷嘲热讽。在某种程度上，今天的中老年人能否安享余生，也昭示着现在的年轻人的明天。

（人民网—观点频道 2021 年 12 月 7 日）

▎百部童年经典焕发新生 超清修复助力文化传承

《小蝌蚪找妈妈》《大闹天宫》《西游记》《舒克和贝塔》……这些"童年经典"你肯定不陌生。它们凝聚了老一辈动画人的匠心，也蕴含着历史和文化的力量。但因其内容生产时间较早，受到拍摄和保存等客观因素影响，存在不同程度的画质问题，难以满足"4K时代"受众对于观影体验的需求。近日，西瓜视频联合火山引擎宣布"经典中视频4K修复计划"已经完成，得到修复的100部经典动画已上线，用户均可免费观看。4K修复，修复的不仅是作品的清晰度，还有几代人的童年记忆，为重温经典、弥补遗憾，找到了一条可行的路径。

4K修复加上AI技术，不仅能够在声、画层面加持"老片"，更能助力高质量修复，大大提高补帧、去噪、去划痕等的效率。在此基础之上，"修旧如旧"，保留经典动画原本的艺术风格和独特美感也很重要。比如《小蝌蚪找妈妈》，作为中国第一部水墨动画片，其朦胧的艺术感是鲜活的童年记忆，更是特有的艺术效果。后期进行修复时，除了一般意义上分辨率和流畅度的提高，更需要反复测试调优算法，确保修复后的视频画面更清晰，同时保有一如从前的水墨画朦胧感。

文艺作品的生命力在于不断放映。让经典动画高清归来，往小了说，是让几代人"爷青回"，重温记忆中的美好，而更重要的是，还是赓续文化薪火、传承精神品质的一种体现。"当年我爸在家陪我看这个，现在我和爸爸陪我女儿看"，百部经典动画上线以来，吸引了数千万网友观看，有不少类似的弹幕引人注意。当《大闹天宫》的不畏艰险，《三个和尚》的团结奋斗，《阿凡提的故事》的机智勇敢，伴随着更高清的画面，重新回到我们的眼前、传递给了更年轻的群体，我们才真正把浸透着中国优秀传统文化的经典力量传承了下去。让经典焕发新生机，得到更好保护和传承，这才是修复的终极意义。

不仅仅是动画，此前电影《永不消逝的电波》4K全彩重制版登陆全国院线、经典国产动画《天书奇谭》以4K纪念版重映，每每都引起广泛关注。随着技术的不断发展，经典老片得以精彩重现、焕发新生。而在这其中，历久弥新的，是经典作品中的文化底色。教科书级的用心、历史文化的传承，让经典得以穿越时光、穿透画面，时至今日仍能打动人心。这也让我们明白，技术迭代带来的，并不只是"芳林新叶催陈叶"的新陈代谢，也同样可以让有趣有益的经典焕发新生魅力。

当下，以 4K 修复为代表的数字化技术，正在成为推进文化传承、促进文化创新的重要动力。我们期待有更多经典借由技术的力量重新焕发活力，也期待它们能够不断培厚全社会的文化土壤，促进中国文化与时俱进、不断向前。

（人民网－观点频道 2022 年 11 月 14 日）

┃ "AI 换脸" 诈骗，人脸怎能 "想换就换"？

近日，包头警方发布一起利用 AI 实施电信诈骗的典型案例。有骗子通过 AI 换脸和拟声技术佯装好友，对福州市郭先生实施诈骗，导致郭先生 10 分钟内被骗子骗走 430 万元。如今网络平台上出现各种各样的付费 AI 换脸软件，这种技术一旦被不法分子利用，可能带来严重危害。

人脸怎能 "想换就换"？有关部门对那些未经肖像权人同意的 "换脸"、诈骗行为，应该重拳出击、严厉打击。《中华人民共和国民法典》规定，任何组织或者个人不得以丑化、污损，或者利用信息技术手段伪造等方式侵害他人的肖像权。未经肖像权人同意，不得制作、使用、公开肖像权人的肖像。因此，无论个人、平台还是软件开发商，未经肖像权人同意，通过技术手段提取肖像，擅自使用或上传至换脸 App 供用户使用的行为，都是在侵害他人肖像权；少数不法分子通过 AI 换脸和拟声技术佯装熟人、好友实施诈骗，这种行为更是严重违法。有关部门要严格执法，对违法违规行为要及时依法依规惩处。

（人民网－观点频道 2023 年 6 月 7 日）

┃ 擅闯罗布泊四人遇难，生命经不起违规操作

据报道，新疆维吾尔自治区若羌县公安局发布通报称，接敦煌市公安局转警称，一自驾车队于 22 日自敦煌市出发，未经批准穿越若羌境内国家级野骆驼自然保护区，26 日 1 车 4 人失联。后续消息显示，这 4 人全部遇难。

4 条生命葬身荒漠，令人叹息。据业内人士称，事发地夏季高温，地表最高温度可达 70 摄氏度左右，由此可想到他们遇难时的惨状。

罗布泊是我国四大无人区之一，有 "生命禁区" "死亡之海" 之称，一旦违规进入，后果不堪设想。但令人悲哀的是，近年来，多次传出有人擅入罗布泊而出事的消息。殷鉴不远，为何仍有人步其后尘？

此次事件中，面对这 4 人遇难的悲剧，有网友在表达痛惜的同时也感到不解：他们怎么就进入了罗布泊国家级野骆驼自然保护区？警方通报写得很清楚，他们"未经批准穿越若羌境内"。简言之，他们违规了。

早在多年前，罗布泊野骆驼国家级自然保护区管理局曾多次发出通告：严禁一切社会团体、单位或个人进入保护区开展旅游、探险活动，一经发现将依法予以处罚，情节严重的将追究刑事责任。

为何要发出这个禁令？主要是维护生命安全。据知情人表示，罗布泊的危险主要来自两点，一是沙尘暴，沙尘暴会让人迷失方向；二是流沙，车子一旦陷进去的话会很麻烦，只能等待救援。此外，还可能出现各种意外。在这种情况下，擅入禁区，不啻拿自己的生命开玩笑。

另据若羌县 12345 工作人员介绍，这个保护区，有受保护的野骆驼，属于濒危野生动物。无论出于保护野生动物还是出于保护自身安全，都不能擅闯罗布泊，但一些人却无视禁令，最终付出惨痛的生命代价。

（人民网－观点频道 2023 年 7 月 31 日）

▌甘肃定西：戏曲进校园　经典共传承

9 月 13 日，在甘肃省定西市安定区福台小学，专业老师在辅导戏曲社团的学生们练习基本功。

近年来，甘肃省定西市深入开展戏曲进校园活动，在全市中小学深入挖掘富有地域特色、校园特色和适合学生特点的戏曲教育形式，通过戏曲艺术鉴赏、课堂观摩、专家指导等形式，让学生近距离感受国粹的魅力，增进对传统文化的了解和传承。

（新华网 2023 年 9 月 14 日）

本章思考题

1. 即兴主持的概念是什么？
2. 新闻节目即兴主持的技巧是什么？
3. 文艺节目即兴主持的技巧是什么？
4. 少儿节目即兴主持人有哪些注意事项？
5. 谈话节目有哪些提问技巧？

拓展阅读

央视网｜2023 年中央广
播电视总台春节联欢晚会

央视网｜2023 年中央
广播电视总台中秋晚会

央视网｜感动中国
2022 年度人物颁奖盛典

央视网｜《2023 中国
诗词大会》

央视网｜《中国电影
报道》

央视网｜《远方的家》

央视频｜《主播说联播》

央视网｜《生活提示》

央视网｜《智慧树》

第六章 直播解说即兴口语表达

1. 了解不同类型的直播解说形式。
2. 掌握不同类型直播解说的话语样态。
3. 熟练完成不同类型的直播解说。

"解说"即解释、述说,是围绕画面或事物、事理进行描述、解读、评论的一种播音形式。从本质上看,解说也是即兴口语表达的一种具体展现。由于直播的播出方式是以播出主体为起点,经过多种媒介,以受众为终点的单方向、直线型传播,具有不可逆的特点,加之具有一定的不可控性,因此直播解说需要该领域语言工作者具有突出的语言能力和较强的应变能力。

第一节 体育直播解说

理论概要

一、体育直播解说

从播音创作三要素中的创作依据来看,体育直播解说属于最高级别的无稿播音。"体育解说是体育播音员担负的一种特殊工作"①，这一论说指出了体育播音与体育解说的从属关系。对体育比赛进行阐述、分析和评论的播音活动就是体育解说。著名足球解说员黄健翔曾在体育解说类真人秀节目《足球解说大会》中直白地阐述了体育直播解说的含义："不知道场上发生的什么情况，看见什么说什么，而且还能够自圆其说。"

体育直播解说分为单人解说、双人解说和多人解说。单人解说多为描述型解说，解说员以描述场面为主，也要对比赛有一定的解读与分析；双人解说多为评论型解说，解说员与解说顾问有不同分工，解说员主要负责描述场面，解说顾问则侧重对场面和技战术等方面进行解读与分析，并在解说员的引导下以对话、聊天的形式输出内容。

二、足球比赛解说

足球比赛是公认的参与人数最多的球类运动，在世界范围内拥有大量受众。由于全球范围内高水平足球联赛较多且我国转播机构版权较为分散，足球比赛解说员的数量和需求明显高于其他体育项目，因此竞争更为激烈。做好足球比赛解说工作，需在前期准备、语言表达、画面解读等方面下足功夫。

（一）足球比赛解说的准备工作

据统计，解说一场 90 分钟的足球比赛要说 10000 字左右，与新闻有稿播音平均每分钟 200～300 字不同，作为无稿解说，这无疑是一个庞大的数字。解说中的话语内容绝大部分来源于赛前的准备工作，这既需要长期积累，不断拓展知识储备，也需要时刻关注赛事信息，实时补充最新内容。

1. 熟悉规则

掌握足球运动规则是解说足球比赛的前提和基础。一名合格的足球解说员能根据规则判断和准确解读赛场上发生的各种场面。特别是在裁判判罚后，能根据判罚结果给出相应的规则依据是解说员专业性的体现。例如，在解读某队进球时，有进攻队员处于越位位置时，裁判若判定进球有效，解说员应迅速反应处于越位位置的球员并未参与到进攻中或试图接球。在解读场面时，解说员

---

① 张颂：《中国播音学》，北京：中国传媒大学出版社，2003 年版，第 619 页。

还肩负着向受众普及比赛规则的责任和义务，如"裁判员单臂上举，示意越位""某某球员在空中有一个明显的跳向对手的动作，犯规了"等。

值得一提的是，出于鼓励进攻、引导技战术水平发展和完善足球竞赛规则等目的，国际足球理事会（IFAB）每年都会对现有规则进行修订，解说员应通过官方渠道及时更新和学习，以保障解说信息的准确性。

2. 资料整合

大量搜集、整合比赛资料能为解说员提供较大的帮助，做到"心中有底"，有助于缓解解说员面对未知场面的心理压力。资料的搜集范围包括比赛场地、天气情况、队员资料、历史战绩、积分榜情况等与比赛直接相关信息的准备，也包括政治、人文、历史、地理等背景信息的准备，甚至包括奇闻逸事等场外话题。充足的一手资料可以极大地丰富一场足球比赛的信息含量，也让隐藏在足球比赛背后的故事展示在受众面前。例如，苏格兰足球超级联赛中的两支豪门球队凯尔特人队和格拉斯哥流浪者队，他们的恩怨不仅在于彼此是争冠的最大对手，还根植于英国历史上新教和天主教之间的冲突；意大利足球甲级联赛中的尤文图斯队和 AC 米兰队在球场上的厮杀，背后体现的是菲亚特汽车公司的掌权者、意大利"王族"阿涅利家族和政治家贝卢斯科尼的较量。

资料的搜集和整合是一个积累的过程，解说员需要通过阅读了解相关知识，同时要养成时刻记录、整理的习惯，做生活中的有心人。

3. 掌握解说术语

准确地掌握资料、恰当地描述技术动作是解说员必须具备的能力，也是判断解说员专业程度的重要依据，因此解说员需要掌握大量解说术语以达到专业化精准解说的要求。如果经常用一个词语去描述所有类似的行为，会显得解说员知识贫瘠、滥竽充数。例如，射门就有抽射、垫射、捅射、挑射、吊射、卧射、搓射、撩射、推射、铲射、弹射、外脚背射门、凌空射门等；传球也有直传、短传、身后球、下底传中、长传、挑传、横传、回传等多种方式。可以说，不掌握解说术语，解说工作将寸步难行。

4. 播出准备

一般来讲，比赛开始前 1~2 小时，解说员就需要到达演播厅进行化妆、备播工作，如果在现场解说则需要更早到达现场。到达工作岗位后，要先对设备进行检查，保证硬件的顺利运行。解说员操作输出设备时要格外谨慎，应积极与导播人员进行沟通，防止演播厅声音过早播出引发播出事故。比赛开始前半小时左右，解说员应根据前方消息开始抄录首发名单，并根据名单对资料进行适当筛选和勾画，避免在解说时手忙脚乱，找不到具体资料的位置。

解说员要在比赛开始前完成全面的专业准备和身心准备，如饮水、开嗓、克服心理压力等。此外，解说员也需要在赛前保证充足的休息，否则会影响大脑的反应速度和语言表达，造成言语知觉迟钝。开播前，主持人要提前调动情绪，以积极的状态迎接比赛，可以通过加大耳返音量、听赛事主题曲等方式完成。在双人解说时，解说员应与搭档提前沟通交流，如果搭档是非专业解说员，则要帮助搭档克服紧张情绪以保障顺利完成解说工作。

（二）足球比赛解说的语言表达

1. 足球比赛解说的语言特点

（1）同步性。

足球比赛的解说虽涉及多方面内容，但还是以场面描述为主。足球比赛攻防节奏快，场面瞬息万变，因此解说内容和转播画面是否对位在很大程度上影响着观赛体验。足球比赛解说员需要做到"看到即讲、分秒不差、环环紧扣、有理有据"，前八个字指的就是解说语言和场面的同步性。解说时，要跟上比赛节奏，和比赛画面基本保持同一步调。但如果整场比赛中解说员都在描述画面则会显得枯燥和乏味，因此在部分比赛场面较为胶着、攻防不激烈的情况下，也可以有较短时间不跟随比赛进程。保证语言和画面同步，则需要解说员熟悉解说术语，并且口齿伶俐，语速不宜过慢。

（2）准确性。

一场足球比赛的解说涉及多方面信息和数据，包括大量的精准数字、专业术语、简称、外来词、国际通用词等。受众对足球运动的了解程度参差不齐，因此解说员传递的内容是大部分观众了解相关信息的重要甚至是唯一途径。解说员要在比赛前反复核实、多方求证，才能确保在比赛中输出的信息真实、有效、权威。确保解说语言的准确性，也是解说员权威性和专业性的基本要求。

（3）概括性。

当今时代，大众传媒发展迅速，信息的掌握已经不是解说员的专属，普通球迷了解的信息比解说员更丰富的情况并不少见。在此前提下，解说员只掌握比赛信息及背景，已无法让受众认识到解说员存在的必要性。因此，在具备描述比赛能力的基础上，要凸显解说员岗位的必要性。具体方式是通过对比赛的理解适当以概括的点评或感叹作为解说语言。例如，瑞典前锋伊布拉希莫维奇身材高大但脚下技术细腻，可以说"伊布就像一个精通针线活儿的大汉"；某球员上场后进攻变得流畅，配合紧密，可以说"这名球员的出场好像蚯蚓回到了泥土，一下子盘活了整个前场"；皇马球员巴斯克斯在 2021/22 赛季欧冠联赛八分之一决赛巴黎圣日耳曼 1 ：0 战胜皇马的比赛中客串右后卫，最后时刻被姆巴佩突破导致丢球，这时可以说"他毕竟不是干这个活的啊！"诸如此类概括性的点评和感叹会让解说更加生动、鲜活、个性化，能明显提升观赛体验，给受众留下深刻的印象。

2. 足球比赛解说的几种语言组织方式

（1）描述式。

描述即描写、叙述。解说员在比赛的过程中快速组织语言，把比赛情况生动、有条理地传达给受众，让受众了解比赛进程的语言组织方式就是描述式足球解说。描述式足球解说是最基本的语言组织方式之一。需要注意的是描述式足球解说并非在比赛的任何时段都适用，切忌为了描述场面而耽误重要画面的解说。

（2）简散式。

大部分同学在刚接触足球解说时会陷入这样的困境：画面变化太快，嘴里的话总是说不完。这是由于表达太过完整，以至于不可避免地耽误解说进程，有时候一句话还没说完，球已经进了。简散式的语言组织方式能够很好地解决这个问题。用短句甚至运动员名字、专业词汇或"名词＋动词"代替描述式的话语，是比赛开始后尤其是场面变化较快时最常用的语言组织方式。这样简单、零散的语言本质其实是"零句"结构，"最常见于对话以及说话和行动掺杂的场合"[①]。简散式足球解说的最大优势在于缩短表达时间，并且随时可以停下切换话题。例如，某队迅速从后场发球吊进对方禁区，解说员可以马上停下正在说的内容，将解说重点放在这次进攻上。简散式足球解说要尽量口语

---

① 赵元任：《汉语口语语法》，北京：商务印书馆，1971 年版，第 42 页。

化，"遣词造句要平白中见功夫，不靠堆积成语来充门面"①。

（3）复读式。

如今，对于足球比赛相关数据的搜集难度比以往大大降低。在解说比赛的过程中运用数据，是许多解说员频繁使用的方式，也被部分业内人士认为是专业性的体现。在比赛中的关键节点或胶着场面下，将准备好的相关数据资料进行点送，这是复读式的具体表现，这种方式受比赛的临场性影响较小，只需要根据实际情况输出数据即可。

业界对于复读式的足球解说有着不同的看法，一部分解说员喜欢在比赛中搜集各类数据，进行大量复读，忽略受众真正关心的内容，甚至把读数据的环节程序化，这样的做法被部分业内人士解读为"看不懂比赛只能用数据凑时间"。另一部分解说员则对复读持反对态度。需要说明的是，反对复读数据并不代表不愿意运用数据或数据不重要，而是要明确数据是为解说服务的，需要根据画面、语境，用合适的表达方式将数据结合在解说内容中，这样具有变化、富有生命力的解说才能和现在已经出现的通过一串代码就能完成播音工作的人工智能有所区分。因此，对于复读式足球解说的分寸把握是解说爱好者甚至部分职业解说员需要思考的问题。

（4）留白。

在足球比赛解说中，留白是非常有必要的。留白就是在解说过程中留出一定的空白时间，仅仅通过画面和现场同期声向受众传递信息。当画面有足够说服力的时候，解说员可以保持一段时间的无话语状态。一些精彩的部分，或是球员得分之后可以适当留白，通过画面和现场同期声使观众感受现场的情况和氛围，给他们留一点自己思考的空间，等慢动作回放开始后再进行解读和分析。对于解说员来说，适时的留白能起到"此时无声胜有声"的效果，但留白应注意适度原则，否则可能发生播出事故。

3. 足球比赛解说的几种语言表达技巧

（1）表达深入浅出。

解说员需要"化繁为简"，将看似晦涩的专业术语和复杂的规则、场面通

---

① 岑传理、宋世雄：《金话筒的诉说：电视体育节目的解说与主持》，北京：中国经济出版社，2000年版，第91页。

过解说变得通俗易懂。把复杂的足球比赛说简单，解说员不仅要了解足球运动，能够将足球发散到其他领域，也要注意提高个人文学修养，在日常生活中养成良好的表达习惯，提升遣词造句的能力。

（2）状态内松外紧。

欧洲杯等主流足球赛事一般在中国的凌晨时段播出。状态太过放松地去解说一场在半夜播出的精彩比赛，会使观众昏昏欲睡；而解说时用力过猛，也会造成观众在观看比赛时感到疲惫和别扭。如果长时间让喉咙处于高度紧张的状态，会对解说员的声带造成一定的损害。为了让解说员的状态听上去既有力又放松，要做到心理和喉咙上的双重放松，也要通过加强口腔前部控制力、提颧肌等方式来保证语言表达的积极状态。

（3）情绪收张有度。

足球比赛过程跌宕起伏，激情四射，解说员的情绪是随着比赛进程而起伏变化的。解说员在解说过程中情绪要收放有度，不能虚情假意，也不能过于沉闷。

部分观众在观看足球比赛时，会根据解说员激动与否判断赛况，因此解说员的情绪把控在一定程度上会影响观众的观赛感受。一般情况下，在场面比较精彩时，解说员的情绪较为高亢，而在场面整体较为平和的情况下，解说员的情绪也较为淡定。

（三）足球比赛解说的画面解读

从某种程度上说，足球比赛解说的过程就是围绕每一个转播画面展开的"看图说话"。例如，赛前双方队员入场后转播方会给正在入场的双方教练特写镜头；开球前双方的核心球员或近期表现突出的球员会成为转播方重点关注的对象，除了给几秒的特写镜头，还会在屏幕上显示该球员的近期数据；比赛开始后，会将角球对比、犯规、跑动距离、控球率等信息不时显示在画面中；球员犯规后，有时会给裁判特写镜头。解说员应对这些画面语言进行及时解读，并围绕这些内容进行适当发散表达。

除了准确解读与比赛相关的画面信息，解说员也要注意收集其他领域有关足球的消息。例如，经常有名人出现在足球比赛的看台上：网球巨星纳达尔经常出现在皇马比赛的看台上，"007"丹尼尔·克雷格是利物浦球迷，一些中国明星也曾到现场观看足球比赛。当镜头对准这些看台上的名人时，解说员能够认出他们并讲出他们和足球的渊源，会对解说工作加分不少。画面语言在足球比赛的解说工作中至关重要，除了少部分镜头是为了应对突然的信号中断随意补充的空镜，绝大多数画面语言都有其存在的意义，所以对解说员来说，看懂画面语言就掌握了一定的解说思路。

三、篮球比赛解说

（一）篮球比赛解说的特点

篮球比赛解说和足球比赛解说存在一定的相似之处。但篮球比赛参与的人数更少，场地更小，攻防节奏更快，得分也更多，诸多差异使得篮球比赛解说体现出符合其运动规律的特点。

1. 节奏较快

在篮球比赛中，攻防转换的速度和次数远高于足球比赛，得分数亦是如此。与足球比赛解说相比，篮球比赛的解说节奏要符合篮球比赛的快速节奏。但要注意的是，节奏快不代表语速快。在篮球比赛的解说过程中，解说员应合理运用"斯科特法则"，即通过短小精悍、生动的语言描述和解释比赛画面。这和足球比赛解说"闲散式"风格相似，可以借助短句、球员名、专业术语或"名词＋动词"等方式。

2. 规则复杂

在解说过程中，解说员对篮球项目规则应了然于胸。例如，篮球比赛中的换人、罚出场等规则均与足球比赛有区别。在不同的篮球赛事中，比赛规则也有区别，如 NBA 和 FIBA 在场地规格、比赛时长、比赛用球、技术犯规等方面均有区别，解说员对这些情况需要准确认知和合理解读，体现解说员的专业性。

3. 信息量大

篮球比赛有着较快的攻防节奏，场面稍纵即逝，在解说过程中，解说员不仅要提炼出短小精悍、通俗易懂且专业的内容，还要灵活运用数据和资料体现足够的信息量，注意在体现信息量的同时要有符合运动项目自身的特点和规律，不能生搬硬套。

（二）篮球比赛解说中"度"的把握

遵循适度原则，在篮球比赛解说中十分有必要。面对不同的球星、球队、打法，解说员在解说过程中要掌握一定的"度"，这里的"度"没有统一的标准，但能体现出解说员的职业素养和专业性。

1. 把握不同身份球员之间的"度"

篮球比赛虽是团体运动，但对球星个人能力的依赖程度较高。在解说过程中，解说员应把握好不同身份球员之间的"度"，不能过度关注球星而忽略普通球员。篮球比赛解说员应有意地提示和关注不同球员的存在和作用，把握好球星与普通球员之间的"度"。

2. 把握好主客队之间的"度"

几乎所有的篮球比赛爱好者都有自己的主队倾向，篮球比赛解说员同样如此。但是，只要坐上解说席，篮球比赛解说员就应体现出自身的职业素养，做到客观和公正。要注意，面对自己的"主队"时，赞扬、鼓励的话不宜太过，批评责备的话点到为止，尤其是在中国队与其他国家、国内各支队伍队的比赛中，要合理适度，不要表现出明显的倾向性态度，否则可能造成播出事故。

3. 把握攻防之间的"度"

球迷有时会因行云流水的精彩进攻而忽略防守的作用，但在专业人士眼中，好的防守才是胜利的基础，在关键赛事、淘汰制赛事里更是如此，这也是"进攻赢得票房，防守赢得冠军"的由来。由此，解说员应把握好进攻和防守之间解说的"度"，不能只关注进攻而忽略对防守的解读。另外，解说员除了关注控球队员，也要多关注其他球员，这也是受众疏于关注的方面。

（三）直播解说与集锦解说

直播解说是指跟随前方比赛信号和掌握的资料，边看边说的解说形式。由于无法预测情况发展，因此直播解说的动态性较强，解说员的情绪起伏较大。

集锦解说则是针对已经发生的比赛场景，经过剪辑和提炼，对比赛精彩部分进行回顾的解说形式。由于事先已经知道比赛的发展和结果，因此集锦解说的形式更趋向于配音，如我们经常看到的《NBA—周五佳球》等节目。

在语言表达上，二者也存在着明显差异，直播解说更考验解说员的语言能力、即时反应和日常积累，而集锦解说则偏向于有稿播音，更强调解说员对解说内容的设计和润色。

四、其他体育项目解说

其他体育项目解说包括排球、网球、羽毛球、乒乓球、跳水、花样滑冰等比赛的解说。这些项目在国际范围内虽没有足球比赛和篮球比赛那样具有影响力，但也有各自的受众群体。在这些项目的直播解说过程中，应根据每个项目的特点和规则进行侧重学习和训练。

（一）排球比赛解说

排球和足球、篮球均属于大球类运动，排球比赛快速的攻防转换和激烈的场面使其精彩程度不逊色于足球比赛和篮球比赛。排球比赛参与人数众多、打法多变，比赛节奏快，在解说样态上也与足球比赛和篮球比赛类似，以描述场面和概括性的点评为主。

排球比赛中的数据往往能直接体现比赛双方的优势和劣势，因此在排球比赛的解说过程中，除了对场面的描述，解说员要特别注意对数据的分析和运用。此外，排球运动对团队的要求较高，解说员应当对排球技战术、业内通用手势等方面进行深入了解，以实现更好的解说效果。

（二）乒乓球、羽毛球、网球比赛解说

乒乓球、羽毛球、网球比赛的解说都有一定的相似之处。这几种球类都是以个人项目为主且都以手持球拍进行比赛。解说员在解说过程中应针对运动员的打法特点、最高排名、身体状况、相互交锋战绩等方面进行深入了解，同时要对手腕运动带来的结果（如球的旋转、速度等）进行着重关注并进行深入分析和讲解。此外，网球比赛中不同的场地（草地、硬地、红土）对球运行带来的影响也应是解说员关注的重点。与大球类项目解说不同的是，大球类项目一

般有什么动作就说什么，而乒乓球、羽毛球、网球比赛的解说要关注对阵双方运动员在攻防过程中呈现出的状态。比如，乒乓球比赛中，双方选手形成相持之势，这时应该解说这种状态为"对拉""相持"等，待产生变化时再说变化，没必要对双方的每一拍行动都进行解说。除此之外，解说员还要充分了解相关项目的历史和文化，把握好解说的话语时机，如在进行网球解说时，在活球阶段尽量不说话，保持留白，等死球时再进行相关解说。

（三）观赏类体育项目解说

观赏类体育项目是指跳水、花样滑冰、体操等观赏性较强的体育项目。这类体育项目难度较高，对解说员的要求尤其苛刻。在解说此类体育项目时，解说员要对项目规则、技术动作、运动员情况等有细致了解，尤其在技术动作方面，要下苦功进行记忆和理解，如能准确区分花样滑冰中的阿克塞尔跳、勾手跳、后外点冰跳、后外结环跳；跳水的技术动作术语分别由几位数字和字母组成，分别代表着什么含义等。除此之外，解说员也要对裁判的评分标准有足够的认知。观赏类体育项目有时会突出其艺术性的表现，因此比赛期间解说员要特别注重留白的运用，以免影响项目的整体观赏性。

实践训练

一、足球比赛解说训练

（一）足球赛事观摩分析训练

训练要求：在观摩分析训练时，要认识到解说员的职责是服务观众，杜绝自我表现。要观察足球比赛解说语言中的同步性、准确性、概括性的具体体现，思考描述式、简散式、复读式的解说方式分别适合哪些场景。训练时可遵循观摩分析、跟随模仿、解说时间的"三步走"策略。

1. 1986年世界杯四分之一决赛，阿根廷2∶1英格兰（播出平台：CCTV-5，解说：宋世雄）。

2. 1988年奥运会预选赛东亚区第二轮，日本0∶2中国（播出平台：CCTV-5，解说：韩乔生）。

3. 1999 年女足世界杯半决赛，中国 5∶0 挪威（播出平台：CCTV−5，解说：黄健翔）。

4. 2000 年欧洲杯 C 组小组赛第三轮，南斯拉夫 3∶4 西班牙（播出平台：CCTV−5，解说：刘建宏）。

5. 2006 年世界杯四分之一决赛，巴西 0∶1 法国（播出平台：CCTV−5，解说：黄健翔）。

6. 2006 年世界杯决赛，意大利 1∶1（点球 5∶3）法国（播出平台：CCTV−5，解说：黄健翔、张路）。

7. 2017/18 赛季欧洲冠军联赛决赛，皇家马德里 3∶1 利物浦（播出平台：CCTV−5，解说：贺炜、徐阳）。

8. 2018 年世界杯三四名决赛，比利时 2∶0 英格兰（播出平台：CCTV−5，解说：洪钢）。

9. 2018 赛季中国足球协会超级联赛，上海上港 5∶4 广州恒大（播出平台：CCTV−5，解说：贺炜、徐阳）。

10. 2019/20 赛季英格兰足球超级联赛第 29 轮，曼彻斯特联 2∶0 曼彻斯特城（播出平台：CCTV−5，解说：刘嘉远、徐阳）

（二）经典赛事解说训练

训练要求：观摩经典赛事，进行片段解说练习。在训练过程中，要按照播出准备工作的要求，搜集和整合相关资料。根据不同的场面合理组织语言、运用留白。另外，要注意直播解说和集锦解说的差异，可针对同一段录像分别进行训练。

1. 1986 年世界杯四分之一决赛，阿根廷 2∶1 英格兰，解说第 55 分钟马拉多纳的进球。

2. 2000 年欧洲杯决赛，法国 2∶1 意大利，解说第 103 分钟特雷泽盖的金球制胜。

3. 2006 年世界杯八分之一决赛，英格兰 1∶0 厄瓜多尔，解说第 60 分钟贝克汉姆的进球。

4. 2006 年世界杯决赛，意大利 1∶1（点球 5∶3）法国，解说第 7 分钟齐达内的进球。

5. 2008 年欧洲杯四分之一决赛，土耳其 1：1（点球 3：1）克罗地亚，解说第 119、122 分钟克拉什尼奇、塞米赫的进球。

6. 2010/11 赛季欧洲冠军联赛四分之一决赛，国际米兰 2：5 沙尔克 04，解说第 53 分钟劳尔的进球。

7. 2013/14 赛季欧洲冠军联赛决赛，皇家马德里 4：1 马德里竞技，解说第 93 分钟拉莫斯的进球。

8. 2015/16 赛季德国足球甲级联赛第 6 轮，拜仁慕尼黑 5：1 沃尔夫斯堡，解说第 51 分钟至 60 分钟莱万多夫斯基的 5 个进球。

9. 2018 年世界杯八分之一决赛，法国 4：3 阿根廷，解说帕瓦尔第 57 分钟的进球。

10. 2021/22 赛季欧洲足球冠军联赛八分之一决赛第二回合，皇家马德里 3：1 巴黎圣日耳曼，解说第 61 分钟、第 76 分钟、第 78 分钟本泽马的进球。

（三）经典解说片段训练

训练要求：观看经典解说片段并进行解说训练。经典解说可以通过模仿的方式进行学习，但要注意，不同解说风格的塑造是建立在长期、熟练完成直播解说任务的基础之上的，切忌盲目模仿。

1. 1982 年世界杯半决赛，联邦德国 3：3（点球 5：4）法国（解说：宋世雄）。

西德队现在是把球递给 5 号福斯特尔，福斯特尔在禁区外边带球，把球递给 7 号利特巴尔斯基，利特巴尔斯基在底线的附近，利特巴尔斯基在传中，头球攻门！球没有顶中，倒勾，进了！太漂亮了，这是西德足球队 8 号菲舍尔接到这传中球以后接着一个倒勾，进了。在加时赛里面法国足球队曾经以 3：1 领先，鲁梅尼格上来以后追成了 3：2，接着由菲舍尔一个倒勾，把这个球进了，打成了 3 平。

2. 1988 年奥运会预选赛东亚区第二轮，日本 0：2 中国（解说：韩乔生）

18 号是段举，好球，攻门！进了！中国队头球攻门进了！柳海光立了一大功！柳海光好样的，柳海光好样的，关键时刻柳海光一个狮子摇头，令日本队的守门员森下申一和其他队员包括主教练石井易进只能望球兴叹。

好球，打门！进了！中国队再进一球！2∶0！8号唐尧东，8号唐尧东，五星红旗在看台上挥舞起来了，2∶0，9号柳海光和8号唐尧东在今天的比赛里各建一功，祖国感谢你们，人民感谢你们！

3. 2000年欧洲杯决赛，法国2∶1意大利（解说：黄健翔）

皮雷斯，断球，自己走，还在走，好的，传起来，射门！球进啦！特雷泽盖！特雷泽盖，特雷泽盖打进了金球，本届欧锦赛以特雷泽盖的一脚射门结束，法国队2∶1击败意大利队，获得了欧锦赛的冠军。意大利人的好运在第92分40几秒开始消失，然后幸运女神开始关注穿蓝色球衣的球队了。

4. 2010年世界杯四分之一决赛，乌拉圭1∶1（点球4∶2）加纳（解说：贺炜）

阿布鲁助跑，勺子点球！勺子点球！40年后乌拉圭人再一次进入了世界杯的四强，最后用如此轻巧的方式结束点球大战，如此残酷的时刻用如此轻巧的方式结束，这就是足球。让我们祝贺乌拉圭，两届世界杯冠军得主乌拉圭队，上一次世界杯夺冠是60年前，上次进入四强是40年前，他们早已被世界足坛的主流遗忘，但是他们用一场点球大战宣告了自己的回归。谁说这个世界是冰冷而残酷的？像乌拉圭人一样，只要你胸怀坚定的信仰，做好充分的准备，保持高昂的斗志，这个世界说不定，说不定就会揭开它冰冷的面纱，向你露出灿烂的微笑。

5. 2012年欧洲杯半决赛，意大利2∶1德国（解说：刘嘉远）

今天这场比赛要感谢意大利和德国。他们使得比赛在90分钟内打出了非常精彩、非常丰富的战术变化，这两个国家的足球都曾经品尝过现代足球的巅峰荣耀，也曾经遇到过各自前进路上的挫折和坎坷，德国足球正在从德意志森林哲学的这种严肃中向精巧和灵动变化，意大利足球则在从比较功利的比赛哲学里头努力恢复他们天生的地中海浪漫情怀，勒夫和普兰德利是各自深厚传统的勇敢的改革者，但是在改革的路上遭遇失败，就像蝴蝶飞不过沧海，没有谁忍心责怪！

二、篮球比赛解说训练

(一) 直播解说训练

训练要求：观看以下赛事，进行片段解说练习。在训练中要模拟直播解说的准备过程，尽量以准备相关资料、背景为主，不要在训练前观看比赛录像。尽量寻找原声（无解说版）素材进行训练，以免受到已有解说影响。训练结束后，可对比电视播出版解说与自身训练解说在内容、节奏、风格等方面的差异性，寻找不足，总结提升。

1. 1997/98 赛季 NBA 总决赛第六场，芝加哥公牛 87：86 犹他爵士，解说迈克尔·乔丹的绝杀球。

2. 1998/99 赛季 NBA 西部联盟决赛第二场，波特兰开拓者 85：86 圣安东尼奥马刺，解说第四节比赛。

3. 2004 年雅典奥运会男篮小组赛，中国 67：66 塞黑，解说第三节比赛。

4. 2003/04 赛季 NBA 总决赛第三场，洛杉矶湖人 68：88 底特律活塞，关注活塞球员理查德·汉密尔顿的无球跑动，并进行解说。

5. 2005/06 赛季 NBA 常规赛，多伦多猛龙 104：122 洛杉矶湖人，解说下半场比赛。

6. 2006 年男篮世锦赛，斯洛文尼亚 77：78 中国，解说王仕鹏的绝杀球。

7. 2008 年北京奥运会男篮小组赛，德国 55：59 中国，解说第四节比赛。

8. 2009/10 赛季 NBA 常规赛，犹他爵士 85：96 达拉斯小牛，解说第四节比赛。

9. 2015/16 赛季 NBA 总决赛第七场，克利夫兰骑士 93：89 金州勇士，解说第四节比赛。

10. 2018/19 赛季 NBA 常规赛，明尼苏达森林狼 136：140 达拉斯独行侠，解说第四节比赛。

(二) 集锦解说训练

训练要求：观摩经典赛事，将精彩镜头剪辑下来进行集锦解说。要体现集锦解说与直播解说的区别，尤其注意情绪方面不要过于亢奋和激动，要以"已经知道比赛过程和结果"作为事实依据来完成。

1. 2000/01 赛季 NBA 总决赛第一场，费城 76 人 107：101 洛杉矶湖人。

2. 2009/10 赛季 NBA 总决赛第七场，波士顿凯尔特人 79：83 洛杉矶湖人。

3. 2010/11 赛季 NBA 总决赛第二场，达拉斯小牛 95：93 迈阿密热火。

4. 2012/13 赛季 NBA 总决赛第六场，圣安东尼奥马刺 100：103 迈阿密热火。

5. 2018/19 赛季 NBA 总决赛第六场，多伦多猛龙 114：110 金州勇士。

6. 2019/20 赛季 NBA 总决赛第六场，洛杉矶湖人 106：93 迈阿密热火。

7. 2020/21 赛季 NBA 总决赛第六场，菲尼克斯太阳 98：105 密尔沃基雄鹿。

8. 2022/23 赛季 NBA 总决赛第五场，迈阿密热火 89：94 丹佛掘金。

9. 2021/22 赛季 CBA 总决赛第四场，浙江广厦控股 82：100 辽宁本钢。

10. 2022/23 赛季 CBA 总决赛第四场，辽宁本钢 106：70 浙江广厦控股。

（三）其他体育项目解说训练

训练要求：观摩经典赛事，进行解说练习。注意根据体育项目的特点选择恰当的语言进行表达，从语言组织方式、解说节奏、画面解读等方面体现出不同。

1. 2016 年里约奥运会女排决赛，中国 3：1 塞尔维亚。

2. 2018 年世界女排锦标赛三四名决赛，荷兰 0：3 中国。

3. 1999 年第 45 届世界乒乓球锦标赛男单决赛，刘国梁 3：2 马琳。

4. 2020 年东京奥运会乒乓球男单决赛，樊振东 2：3 马龙。

5. 2020 年东京奥运会乒乓球女单半决赛，伊藤美诚 0：4 孙颖莎。

6. 2008 年北京奥运会羽毛球男单决赛，林丹 2：0 李宗伟。

7. 2014 年仁川亚运会羽毛球男单决赛，林丹 2：1 谌龙。

8. 2017 年澳大利亚网球公开赛男单决赛，费德勒 3：2 纳达尔。

9. 2019 年 ATP1000 网球大师赛（迈阿密站），伊斯内尔 0：2 费德勒。

10. 2022 年北京冬奥会男子单人自由滑羽生结弦。

第二节　电子竞技直播解说

一、电子竞技直播解说概述

电子竞技是互联网时代的产物，与传统体育项目有着不同的传播渠道。传统体育项目是通过广播、电视等传统媒介进行传播；电子竞技依托的则是互联网。电子竞技 2003 年成为中国体育总局承认的第 99 个正式体育项目，此后该领域的发展越来越规范化。有很大一部分人已经不只满足于自己在游戏中获得快感，同时也需要通过观看赛事来提升自己在游戏中的技能，享受一场电子竞技所带来的狂欢。

随着电子竞技赛事直播的出现，电子竞技解说员也成为其必不可少的角色。电子竞技解说是服务于电子竞技的、以语言为载体的服务型职业。对于这一职业的定义有广义和狭义之分。从广义上来说，电子竞技解说员是指与电子竞技相关的游戏主播、游戏视频解说、游戏赛事解说等；从狭义上来说，电子竞技解说员是指通过特定的传播媒介，以电子竞技受众为服务对象对电子竞技赛事进行口头即时描述、解释和评价，以便观众更好地观赏电子竞技赛事的播音工作者。[①] 事实上，电子竞技解说一般特指在游戏的官方直播平台担任赛事解说的有声语言信息传播者。

二、电子竞技直播解说的特点

（一）与受众的互动性

传统体育项目解说是线性单向传播，解说员将看到的现场情况通过转播信

---

① 恒一、李季涛、乔宇：《电子竞技解说教程》，北京：机械工业出版社，2020 年版，第 1 页。

号传递给电视机前的观众，而观众对参赛选手、场上信息、技战术等的评论无法反馈给解说员。与此不同的是，由于媒介的差异和受众的年轻化，新媒体的实时传播属性使得电子竞技直播解说与受众的互动性更强。观众可以在看赛事直播时通过实时发表评论、弹幕等形式参与到直播中。在中场休息时，解说员也可以对网友们的评论做出一些回应，与观众进行及时互动。

（二）语言运用的灵活性

电子竞技直播解说员的语言表达与传统体育项目解说员有所不同。由于互联网和电子竞技项目的特殊性，电子竞技直播解说员的语言运用相对灵活、独特，有时代感。

首先，一些充满网络色彩的用语会出现在电子竞技直播解说中。例如，"来看这一波进攻"。我们经常说的是"一次进攻"，而在很多电子竞技赛事中更多听到的是"这一波"，以此来形容马上要出现的一个攻势。再比如"怎么说"，通常是表示某人对某事的看法，在电子竞技中更多表示某次交手的情况或某个队员会怎么做，如"看看 4AM 的这次绕后怎么说？"其次，电子竞技解说的语言运用环境相对宽松，这跟其直播媒介有着直接的关系。因此，电子竞技直播解说员在解说比赛时对语言的把控和对语言准确度的追求不会过分苛刻，这给了解说员在语言组织上更大的自由度，但并不代表其在解说过程中可以肆意妄为、措辞不规范、逻辑不清晰等。

（三）语速的多变性

在电子竞技比赛中，决定比赛胜负的因素较多。由于竞技规则复杂，解说员需要在有限的时间内表达大量信息，因此解说语速的变化作用尤为重要。在电子竞技比赛的不同环节，解说员需要表达的信息量不同，因此其解说语速在整体速度较快的同时也呈现了多变性的特征。

（四）解说门槛的易入性

电子竞技直播解说职业属于语言工作或播音工作的范畴，需要遵循其职业规范、专业技能、专业素养等要求。相较于传统体育项目解说员，电子竞技直播解说员属于新领域的新角色，他们没有那么多前辈的实践经验和语言专业技能的培养，最早一批的电子竞技解说员也只是对游戏充满热忱、有相对丰富的游戏技战术认识、语言表达较规范的人群。

随着电子竞技市场的不断扩张，对解说员的需求量也随之增大。由于绝大部分电竞解说员没有接受过播音主持专业学生应有的系统完整的语言培训，因此他们的语言表达和专业技能是相对欠缺的。也正因如此，电子竞技直播解说员的入职门槛相对较低，缺乏专业素养的行为也时有发生。

三、电子竞技直播解说的分类

（一）控场型解说

控场具体是指对比赛流程的熟悉，对观众气氛、情绪的渲染，对整个比赛节奏的把控。被定义为"控场"，是因为这种类型的解说员相当于台上的主持人。节目的流程、话题的抛接、环节的转场、话题的情绪，理论上都是由控场解说员把控的。控场型解说的内容非常宽泛，可以有技战术的输出，也可以有气氛的活跃和调动，可以说整个比赛的节奏除了由比赛本身带动，控场型解说也要发挥重要作用。正因如此，控场型解说员在播音主持基本功方面的要求较高，在解说过程中要注意咬字的准确清晰、对象感的把握及其对解说技巧的掌握。

（二）分析型解说

分析型解说是指在电子竞技直播中需要对比赛的技战术做出一定的分析和对比赛走势有一定的点评或预测的解说，类似于传统体育项目解说当中的解说嘉宾或指导。这类解说员由两类人群担任：一类是具备较强游戏理解力的职业电子竞技解说员；一类是特邀嘉宾，这类嘉宾一般是有流量的游戏主播、退役电子竞技选手、电子竞技领域一些熟知技战术的知名从业人员等。这类解说是对比赛技战术的分析，往往出现在胶着的比赛场景后，对刚刚发生的一系列进攻进行分析解说。

（三）描述型解说

描述型解说也被称为团战型解说，多与控场型解说"一唱一和"，将烦琐、胶着的比赛场面通过语言描述出来。电子竞技比赛属于同一时间内发生的多人或多队之间的较量，比赛的直播画面会来回切换，因此描述性解说需要适应不同画面的转换并辅以准确的语言。以《英雄联盟》为例，在目不暇接的团战中，比赛选手之间攻防的操作、思考、过招等激动亢奋的时刻就需要运用描述型解说技巧迅速地反应并分析比赛的情况，点出关键角色面对的困难、做出的选择和灵活的操作。

实践训练

一、电子竞技直播解说类型训练

（一）控场型解说训练

训练要求：运用控场型解说的理论知识，自选以下比赛中的片段，进行 3 分钟的解说训练。注意比赛的流程、话题的抛接、环节的转换、话题的情绪等部分的表述。

1.《王者荣耀》：2017 年 KPL 春季赛常规赛第一周，AS 仙阁 VS AG 超玩会，第一场。

2.《王者荣耀》：2022 年世界冠军杯淘汰赛，武汉 eStarPro VS 重庆狼队，第四场。

3.《DOTA2》：2023DPC 中国联赛夏季赛 A 级第一周，Supernova VS HG。

4.《永劫无间》：2023NBPL 春季赛常规赛第四双周，单排 DAY1 A/B 组，第一局。

5.《和平精英》：2021 年 PEL S4 常规赛，第一场。

6.《英雄联盟》：2021 年全球总决赛 EDG VS DK，第五场。

7.《英雄联盟》：2022 年全球总决赛 JDG VS T1，第一场。

8.《绝地求生》：2019 年 PCL 夏季赛季后赛，第三场，艾伦格。

9.《绝地求生》：2022 年 PCL 春季赛季后赛，第二十七场，艾伦格。

10.《绝地求生》：2022 年 PCL 春季赛季后赛，第九场，艾伦格。

（二）分析型解说训练

训练要求：运用控场型解说的理论知识，自选以下比赛中的片段，进行 3 分钟的解说训练。注意尽量选择比赛胶着的部分进行比赛技战术的分析。

1.《王者荣耀》：2017 年 KPL 职业联赛秋季赛，AG 超玩会 VS RNG. M，第二场。

2.《王者荣耀》：2022 年第五届微博杯积分赛，成都 AG 超玩会 VS 北京 WB。

3.《英雄联盟》：2018 年 MSI 决赛，RNG VS KZ，第二场。

4.《英雄联盟》：2021 年 LPL 春季赛季后赛季军赛，EDG VS RNG，第一场。

5.《绝地求生》：2018 年绝地求生 EMI 邀请赛，第二日第五场，艾伦格。

（三）描述型解说训练

训练要求：运用控场型解说的理论知识，自选以下比赛中的片段，进行 3 分钟的解说训练。注意对比赛情况的语言描述，并点出关键角色面对的困难、做出的选择和灵活的操作等。

1.《王者荣耀》：2019 年 KPL 职业联赛秋季赛总决赛，QGhappy VS AG 超玩会，第三场。

2.《英雄联盟》：2021 年 KPL 春季赛常规赛第一周，西安 WE VS AL，第二场。

3.《绝地求生》：2021 年 PUBG 全球总决赛排位赛第一日第二场，艾伦格。

4.《DOTA2》：2021 年 DPC 中国联赛正赛，IG VS PSG. LGD BO3，第一场。

5.《CSGO》：2022 年 BLAST 世界总决赛，Liquid VS G2，第一场。

二、电子竞技赛事观摩分析训练

训练要求：观摩以下电子竞技赛事，从解说员的术语、节奏、解说类型等方面进行分析，并选择 10 分钟的片段进行模仿解说训练。

1. 2020 年 KPL 世界冠军赛 1/4 决赛，VG VS AG 超玩会，第一场。

2. 2018 年 LPL 夏季赛决赛，RNG VS IG，第二场。

3. 2019 年 PUBG 中日对抗赛团体赛，第一场，艾伦格。

4. 2022 年 PNC 全明星赛 DAY4，第一场，米拉玛。

5. 2021 年 KPL 秋季赛季后赛，重庆狼队 VS 广州 TTG，第一场。

三、电子竞技赛事片段训练

训练要求：观摩解说片段并进行解说训练，注意不同解说风格的塑造是建立在长期、熟练完成直播解说任务的基础之上的，切忌盲目模仿。

1. 2022 年 KPL 夏季赛胜者组决赛，武汉 eStarPro VS 重庆狼队，第四场。

2. 2015 年英雄联盟 MSI 决赛，EDG VS SKT，第五场。

3. 2021 年 PUBG 国际职业比赛周决赛，第二周第一日第一场，米拉玛。

4. 2022 年 PGC 全球总决赛第五局，艾伦格。

5. 2020 年 S10 全球总决赛，SN VS DWG，第四场。

四、电子竞技赛事模拟解说训练

训练要求：以下比赛任选其一，进行 2～3 人的解说训练，每人承担不同的解说角色（控场型、分析型、描述型），注意措辞准确得当。

1. 2018 年《英雄联盟》洲际赛决赛，RW VS KZ。

2. 2019 年《绝地求生》PCL 夏季赛，Week1 米拉玛，第一场。

3. 2020 年《英雄联盟》S10 全球总决赛，SN VS DWG 第三场。

4. 2022 年《王者荣耀》世界冠军杯淘汰赛，佛山 DGR VS 北京 WB，第一场。

5. 2023 年《DOTA2》DPC 中国联赛春节赛，A 级加赛 IG.V VS GDYG。

第三节　网络直播带货解说

理论概要

一、网络直播带货的界定

随着科技的发展，互联网已经深入人们生活的方方面面，网络平台为人们的日常生活及娱乐消遣提供了更加多元的路径。其中，网络直播带货不仅满足了受众消遣空余时间的需求，更可以使其随时将好物收入囊中。所谓网络直播带货，是指基于互联网平台，将"直播"和"卖货"合二为一，向消费者进行商品售卖的行为。

2016年开始，网络直播带货进入人们的视野并逐渐崭露头角。从中国互联网信息中心所公布的数据来看，截至2023年6月，我国网络购物用户规模达8.84亿人，较2022年12月增加3880万人，占网民整体的82%。这一数据在一定程度上表明我国现阶段的网络购物呈飞速发展的趋势，同时证明网络直播带货已深入每个人的生活中，为人们购物提供了新的可能。

在网络直播带货中，带货者输出产品信息的主要载体即语言。他们通过语言完成讲解说明、促使消费等任务，其中最主要的是通过清晰准确的语言对售卖物品进行解释说明。需要指出的是，网络直播带货中的解说语言是针对某一物品进行的解释说明，而非对画面的解说，这里的解说更偏向于产品讲解。

网络直播带货作为近几年爆火的新兴行业，其内部运行逻辑、主播的语言表达、消费者的需求和使用场景都有一定的规律可循。

二、网络直播带货解说的流程

网络直播带货是一种新兴行业，无论是对电商本身还是对带货主播而言，一场成功的直播一定是有着可观的经济收益。在网络直播活动中，存在着系统的准备和策划。

（一）直播带货前

正所谓"汝果欲学诗，功夫在诗外"，一场转化率高的网络带货直播一定有着开播前充分的准备。人们平时在抖音、快手、淘宝等各大平台看到的直播带货，并不是想象中那么简单。网络直播带货需要的不仅是主播个人，更是整个团队的默契配合。

首先，在直播开播前，必须完成一个详细的带货脚本。脚本中可以体现选品目录、商品品类介绍、直播主题、直播目的、时间把控、人员分工、主播话术等内容，确保让团队成员在直播时各司其职，让直播流程有条不紊地进行下去。其次，选品就是选定直播期间要卖的东西。一个成熟的带货直播间，应当在一场直播带货中同时具备以下五大类型产品，即剧透款、宠粉款、爆款、利润款、特供款。剧透款是为了吸引用户眼球，使用户点进直播间；宠粉款是为了留住进入直播间的用户；爆款是给消费者一个非买不可的理由；利润款是为了解决商家怎么赚钱的问题；特供款则属于品牌专供，营造一种"物以稀为贵"的感觉。最后，需要做预热，也就是提前预告直播间将要直播的产品。

（二）直播带货中

直播开始后，用户从视频中看到的和听到的最多的内容均来自直播间主播本人，但不要以为直播间就只有主播一人，其实在直播时所有工作人员都会按照直播脚本展开工作。其中，主播负责语言解说；中控人员需要配合主播进行产品的上架、下架；场控人员负责带节奏，并维护直播间的互动气氛，如我们在看直播时经常听到齐声的"一、二、三上链接"；投手会根据流量情况及时调整商品的投放；客服则需要及时回复用户的实时信息，确保用户黏性。

（三）直播带货后

在整场直播结束后，所有工作人员要进行复盘。复盘内容首先包括对当天直播人员的复盘，总结每个工作人员是否完成了自己的任务，遇到突发状况的应急备案并总结经验；其次包括对货品的复盘，如选品逻辑是否合理、各款产品的搭配是否合理、产品卖点是否解释到位，等等；最后包括对直播现场的复盘，如货品的陈列摆放、仪器检查、现场清理等。

直播带货的客户均来自网络，直播后还需要复盘当天的直播数据，包括进入直播间的人数、购买人数、互动人数、购买商品数量、逐个商品的购买量，等等。复盘所有内容后，工作人员要为下单用户准备商品的发货及售后。

三、网络直播带货解说的语言能力

网络直播带货并不是带货主播独自可以完成的工作，需要的是整个团队成员之间的配合。但在网络直播带货中，带货主播作为对商品解释说明的主要个体，会起到至关重要的作用，一场成功的直播离不开带货主播，主播的成名取决于带货的收益额、货品质量、流量、个人风格等多方面因素。

（一）直播现场随机应变

脚本准备再充分，也会出现突发状况。带货主播除要清晰明确地解释商品的信息外，还需要对直播间的突发状况有一定的应变能力。这种能力首先要求主播应急反应速度快，其次还要求主播的语言表达能力强。主播在应对突发情况时，要学会适时转移话题。事实上，直播带货与电视直播有异曲同工之处，随时都会有突发状况。对网络直播来说，可能会有网络信号不良或中断、产品方临时反悔违约、预定选品出现问题等情况，这时主播需要有强大的心理素质，遇事不慌，迅速想出解决对策，并用合适的语言进行化解。

带货主播是整个直播的流程执行者，可以说是直播环节的主导者，因此在遇到突发状况时能通过良好的语言表达平稳过渡、化险为夷，这是一个合格的带货主播所应具备的基本能力。

（二）充分表达商品信息

快速表达商品信息的语言能力与播音主持中的"备稿"极为相似。在直播开始前，脚本中都会有每件商品的详细信息，主播需要对商品信息加以了解并在原稿的基础上进行有声语言的二度创作。这样做可以让主播在直播时精准把握商品的卖点和关键信息，做到有的放矢，这样有助于主播对直播节奏的把控。

带货主播在有限的时间内能清晰准确地阐释每一件商品的信息并非易事，除介绍商品外，主播还需清楚掌握商品的卖点，了解商品的特色，尤其是与其他同类商品对比时，要明确自家直播间选品最大的优势，如功效优势、价格优势、产区优势等。这些都建立在主播全面、快速、准确了解商品的基础上，主播只有抓住产品优势并着重介绍商品，才能够吸引观众，提高商品的转化率。

（三）灵活运用副语言

主播在带货时的语言表达并非死板的"说"，而是用灵活的互动，拉近与用户的距离，让用户愿意在直播间进行消费。在某种程度上，这可以通过主持人的副语言实现。

1. 肢体动作

肢体语言的使用一般是在讲解产品时，主播可以借助道具进行趣味实验。例如，针对一些类似粉扑、海绵蛋的美妆类产品，大部分用户认为不吸粉底液的产品更值得购买，这时就需要主播对产品进行结构演示，向用户展示其内部构造，说明"不吸粉底液"这一卖点。需要注意的是直播带货与电视节目不同，由于镜头范围有限，除配合相应的语境或产品展示时，主播的肢体语言不宜过大。

2. 面部表情

在网络直播带货中，主播应善用面部表情进行表情达意，观感舒适的面部表情可以增强传播效果，也可以展现主播的个人特色。例如，美食主播可以通过面部表情来表达"美味"的效果，美妆主播可以通过夸张的表情来表达"妆效好"的效果，在某种意义上刺激用户进行消费。

四、网络直播带货的语言技巧

（一）找准商品卖点

网络直播带货主播要根据直播脚本确认商品基本信息，提炼并验证商品的卖点与卖家提供的信息是否契合。找准商品卖点不仅需要主播具备对不同产品有敏锐的感觉，还需要主播具备扎实的语言表达功底，确保其在短时间内将脚本中商品的文字信息转换成简洁生动的语言。

（二）找准语言表达样态

网络直播带货主播在直播开始前要调整好心态，确保处于一种兴奋状态，使自己内心具有一定的播讲欲望。网络直播带货的目的是让用户消费，因此主播时刻要保持一种积极的语言样态，以此来刺激消费者的购买欲望。需要强调的是，并不是越亢奋的语言表达样态越吸引人，直播带货主播需要根据产品特性、目标人群、商品风格等确定语言的表达方式，有时娓娓道来的讲解会给消费者耳目一新的感觉。

（三）把控语言节奏

网络直播带货要在有限的时间内完成选品介绍和产品上架。每场直播中产品的数量庞大，种类繁多，每个商品都有固定的时间，主播需要在有限时间内进行产品的介绍，并与观众互动等。在此情况下，什么内容该快说，什么内容需要重复或语速适当放慢，就需要主播严格地把控好语言节奏。这不仅可以让每一个产品都有时间进行充分展示，也不会影响后续产品的介绍和上架，以确保有条不紊地开展直播活动。

（四）抓住用户心理

抓住用户心理事实上就是打消消费者的购买疑虑。主播在直播时应时刻关注消费者的疑问，主动解答消费者的顾虑并让消费者放心。例如，很多主播在直播间销售食品时会讲："孕妈妈和小朋友都可以放心食用。"这些话术传递的信息是，有特殊需求的孕妇、小朋友等群体都可以放心购买并使用此类产品，一般消费者更可以放心大胆地购买并使用。

（五）巧用销售技巧

1. 商品演示

网络直播带货主播除了能通过语言来解释产品，还需要对产品的内部构造、用途、功能等进行演示。现在几乎所有的食品类主播都会进行商品演示，从最基本的介绍、试吃，到掰开产品向观众介绍其内部馅料、酥脆程度、干湿情况等。网络带货产品由于无法让消费者亲身体验，因此才需要主播进行全方位的演示，让消费者详细掌握产品信息。

2. 讲解使用场景

网络带货平台的品类繁多，除了演示清楚产品的细节，还需要刺激消费者的购买行为，简而言之，就是主播用话术让消费者认为"我需要它"。大到家电、小到图钉或家里从来没买过的产品，直播间既然会选品，那主播就一定需要一套完整的话术告诉消费者该商品能用到的场景，并让消费者认为"我需要"。

3. 放大价格优势

说到买卖就一定会谈到价格。一件产品值不值得购买，除了消费者是否具有使用需求，还在于该产品的价格是否具有优势。若想留住消费者，让他们愿意在直播间下单，主播就一定要反复强调其价格优势，或是重复说明其优惠策略。一方面是用悬念留住消费者，另一方面是步步压价，最终给出一个有优势的价格，促使消费者买单。

（六）规避禁用词语

网络不是法外之地，主播在直播间需要注意自己的措辞。如若不慎，轻则被平台强制停播，或禁播一段时间给予一定警告，或账户视频限量，严重的还会永久封禁直播间和账号。因此，在网络直播带货时，主播需要注意以下几个方面：

1. 禁用"世界级"和"国家级"等极限词。例如，全球首发、全国第一、全网销量第一、销量冠军、首选、顶级、独家、独一无二、绝无仅有、仅此一家等。

2. 禁用绝对化词语。例如，最高、最佳、最实惠、最新、最大、最好、最时尚等。

3. 禁用无法考证词语。例如，领先品牌、著名、奢侈、世界第一大品牌、100％、高档、国际品牌等。

4. 禁用时限用语。限时必须有具体时限，所有团购或优惠必须明确标明具体的日期，严禁使用"随时结束、仅此一次、随时涨价"等词语。

5. 禁用借国家或国家机关工作人员名称进行宣传。例如，国家领导人推荐、国家机构推荐、权威机构推荐等。

6. 禁用宣称商品质量无须检验等用词。

7. 禁用中华老字号、国家驰名商标、特供、专供等词语。

8. 禁用疑似欺骗消费者词语。例如，全民免单、点击有奖、转发必中奖等词语。

9. 禁用刺激消费词语。例如，秒杀、抢疯了、再不下单就没有了等词语。

10. 严禁使用疑似医疗用词。例如，调整内分泌平衡、改善内分泌失调、增强免疫力、助眠、促进新陈代谢、减肥、排毒、改善敏感肌肤、祛痘、祛斑等。

11. 禁用封建迷信用词。例如，算命、算卦、护身、带好运、招财、旺财等词语。

12. 禁用对民族、地区、性别歧视类用词。例如，洋鬼子、大男人、小女人、男尊女卑等。

13. 禁用虚假宣传用语。例如，高效、全效、美白、一夜就变白、21 天见效、改善面部红血丝等无法证实的词汇。

14. 禁用不文明用语。

实践训练

一、单一型物品直播解说训练

训练要求：对下面的物品进行直播带货环境下的描述性解说。注意对物品细节的描述，充分展现该商品的价值和使用价值。语言描述应具有积极性和鼓舞性，运用规范、清晰、积极的语言表达调动受众的购买欲望。

1. 洗脸巾。
2. 面霜。
3. 牛仔裙。
4. 湿纸巾。
5. 电竞椅。
6. 一次性纸杯。
7. 洁厕灵。
8. 免洗洗手液。
9. 学生书包。
10. 电动牙刷。
11. 剃须刀。
12. 键盘。
13. 露营装备。
14. 脐橙。
15. 五常大米。
16. 洛带苹果。
17. 无骨鸡爪。
18. 山东煎饼。
19. 有机野生蓝莓汁。
20. 茶叶礼盒。

二、情景式直播解说训练

训练要求：对以下直播场景进行直播解说训练。用丰富规范的语言对所处直播场景进行详尽的介绍说明。注意语言表达的条理性、故事性和逻辑性，切忌自说自话，可以突出个性特色，练习时要以直播的方式进行，确保语言的连贯性。

1. 在运动主播直播间进行蛋白粉的直播带货。

2. 一美食主播对芒果过敏，但直播间临时上架了芒果，请结合情境完成产品展示和介绍。

3. 美妆产品类的直播间流量低，需要你介绍美妆蛋引流。

4. 主播在展示不粘锅时，不料食物却粘在了锅底。

5. 直播间有大量消费者的实时互动表示主播在进行虚假宣传，但主播知道这款电动牙刷没问题。如果你是主播，请结合具体情境并巧用应变思维化解矛盾。

三、联系背景直播解说训练

训练要求：仔细阅读以下材料，并根据材料中的内容进行直播带货训练。注意在直播带货过程中，除对带货物品进行描述外，还需兼顾对传统文化和国家政策法规的表达。

1. 盛夏时节，记者驱车驶向江汉平原湖北监利的田野，一块块"虾稻共作"的水田接连映入眼帘，满眼的绿色，从近处一直伸至天边。据当地人回忆，20多年前，由于人多地少，种田收益低，不少人将良田撂荒，外出打工谋生。全国知名农业大县，面临着"三农"困局。偶然间，一些勤劳聪慧的江汉平原农民发现，水稻收割后，在田间水沟内放入小龙虾苗，收获的小龙虾和稻谷品质俱佳。此举引得周围的农民纷纷仿效，"虾稻共作"模式渐渐推广开来。小龙虾为水稻除草、松土，其排泄物为稻田增加肥力；水稻不但可为虾遮阴，秸秆还田后产生的浮游生物更成了小龙虾的天然食饵。

（新华网 2023 年 7 月 13 日）

2. 中国辉煌灿烂的茶史中，发端于福建建瓯（古称建州）的北苑贡茶——"龙团凤饼"，曾是帝王贵胄与文人骚客竞相传颂的顶流茶品。这段辉煌的历史，让当地的茶人倍感荣耀。恢复失传已久的"龙团凤饼"（蒸青研膏茶）制作技艺，成为不少茶人的毕生追求。刘成龙是福建省非物质文化遗产——福建乌龙茶制作技艺（北苑茶）代表性传承人。9年前，建瓯市建州北苑御焙贡茶研习所负责人刘瑞君在研读古代茶论典籍时，也立志要复原蒸青研膏茶制作技艺，传承弘扬北苑贡茶文化。在刘瑞君看来，复原北苑贡茶制茶与点茶技艺，最大的意义在于把存在于典籍中的抽象概念具象化。在地方政府与茶人的带动下，建瓯打响"千年建州·北苑贡茶"区域公用品牌的呼声越来越高。

（新华网 2023 年 6 月 28 日）

3. 食用菌在韶关种植历史悠久。近年来，韶关市推动食用菌产业升级，拓展产业链条，联农带农，助力农户增收致富，并打造"中国食用菌预制菜之都"，推进农村一二三产融合发展，让小菌菇成为乡村振兴新引擎，释放大"蘑"力。小小的食用菌营养价值高，蕴含着丰富的蛋白质、氨基酸及多种矿物元素。近年来，韶关市凭借优异自然禀赋，发展食用菌产业，创建了两个食用菌省级农业产业园，构建"公司＋科研＋基地＋农户"模式，带动农户增收致富。其中，曲江区食用菌产业园目前已进驻实施主体 11 家，园区菌蔬种植规模达 12.15 万亩，食用菌年产量 5 万吨以上，年产值约 9 亿元。

（新华网 2023 年 6 月 14 日）

4. 汪清地处长白山东麓，四季分明，年平均气温 3.9℃，年平均降雨量为 580 毫米，森林覆盖率高达 87.5%，全年空气优良天数比例超过 330 天。温润的气候、优良的水质，得天独厚的自然环境孕育了"汪清黑木耳"的优良品质。近年来，汪清立足资源禀赋，把发展黑木耳等农特产业作为强县之本，木耳强势"出圈"，为实现乡村振兴，推动县域经济发展注入了强劲动力。黑木耳，一头连着市场，一头牵系民生。如今，汪清成功获批"国家级电子商务进农村示范县"，全县建立了 100 个农村电商基地，实现"线上＋线下"销售、黑木耳交易物流与信息流的有机结合。

（新华网 2023 年 6 月 7 日）

5. 近年来，海南省三亚市崖州区依托产业基础，凭借生态优势，围绕"产业兴旺、生态宜居、乡风文明、生活富裕"理念，将"美丽经济"融入"美丽乡村"建设，引导村民进行盆景艺术创作，把小小的盆景培育成市场前景广阔的大产业，走出一条特色的"庭院经济"新模式。在近几年的探索中，崖州区三更村、南山村、梅西村村民在自家庭院里种养盆景，村里、区里搭台为盆景找销路，让点缀生活的小小盆景成为当地村民增收致富的新途径，从而实现促进产业发展与提升人居环境"双赢"新局面，实现从盆景产业到庭院经济的转变。

（新华网 2023 年 3 月 27 日）

6. 石椅村是中国乡村发展的代表，也是四川省北川羌族自治县的一个缩影。"山吐晴岚水放光，辛夷花白柳梢黄。"——由闲置资产改造的精品民宿项目"花间辛夷"，就坐落于距离石椅村不远的桂溪镇宝城村，让沉睡的老房子重获新生。把落后的"包袱"化为发展的动力，"花间辛夷"项目带动当地集体经济和农文旅融合发展。为盘活宝城村的震后闲置农房和宅基地，花间辛夷将打造传统高端民宿作为发展定位。花间辛夷现有十间客房，木制的整体建筑搭配别具韵味的老物件装饰，与远处的绵延青山、苍翠树木相互呼应，体现出"一步一景，人在画中"的基本格调，绘制出一幅现代版的"富春山居图"。项目不仅留住了青山绿水，为当地村民带来增收，更体现了乡愁文化的延续，成为当地村集体经济发展的模板。

（新华网 2023 年 2 月 17 日）

7. 每到冬春季节，涪陵就成了一座青菜头堆起来的城市。种植面积超 70 万亩、生产企业 41 家，带动 16 万农户、1700 余加工户、60 万从业者服务于榨菜产业链的各个环节。为推动榨菜产业发展，涪陵区还专门设有"榨菜办"。1898 年，涪陵城郊商人邱寿安将川江一带盛产的青菜头腌制后脱盐、脱水，制成一种新型的腌菜，由于制作过程中要在木箱里榨除盐水，故取名榨菜。得长江航运之便，嫩、脆、鲜、香的榨菜顺江而下，榨菜的香味就这样从码头一路飘向全国，乃至更远的世界。自此以后，这碟属于涪陵人的佐菜，逐渐成了越来越多人喜爱的"国民下饭菜"。

（新华网 2023 年 1 月 10 日）

8. 在圣源地毯集团有限公司生产车间，一缕缕高原优质的牛羊毛经过工人编结、裁绒、纺织后，被制作成为一张张毛质优良、技艺独特、图案典雅的地毯。圣源地毯集团有限公司位于青海省西宁市，企业里 300 多名员工中有 70%是来自厂区周边乡镇的妇女，她们经过技术培训上岗后，通过辛勤的劳动为自己和家庭增加收入，实现了工作、顾家两不误。

（新华网 2023 年 2 月 10 日）

9. 2006 年，杨柳青木版年画入选首批国家级非物质文化遗产，成为天津一张亮丽的"文化名片"。作为首批杨柳青年画的代表性传承人，霍庆有感到肩上的担子更重了，努力培养下一代。霍庆有家中收藏着一件赵州桥清代木版。三年前，为寻得这块下落不明的古版，霍庆有突发心梗，经历了两次手术才转危为安。最终儿子从陕西辗转购得这块木版。霍庆有还没等身体痊愈，就一头扎进古版的复绘工作中。年画艺人的努力也得到了当地政府的扶持。

（新华网 2023 年 1 月 28 日）

10. 宁夏中宁县地处腾格里沙漠边缘，黄河自西向东穿境而过。已有 300 多年历史的蒿子面是中宁县的民间特色风味小吃。2021 年，中宁蒿子面制作技艺被列入第五批国家级非物质文化遗产代表性项目名录。蒿子面制作技艺在中宁县广为流传，大多是以婆传媳、母传女、老传少等方式代代传承。摸着擀面杖长大的于振玲，是中宁蒿子面制作技艺传承人，2007 年筹建了振玲蒿子面加工间和传承培训中心，让蒿子面进入千家万户，走出中宁。

（新华网 2022 年 8 月 29 日）

本章思考题

1. 体育直播解说语言表达能力提升的具体路径有哪些？

2. 如何将足球比赛和篮球比赛解说中的场景描述和数据运用有机结合？

3. 如何把握直播解说和集锦解说的不同特点？

4. 如何理解不同类型的电子竞技解说？

5. 网络直播带货的语言具备什么特点？

6. 如何提升直播带货主播的个性化与差异化？

拓展阅读

央视网｜《天下足球》

央视网｜《NBA 最前线》

央视网｜《中国三农报道：
电商直播兴起 主播带货
"花样百出"》

央视网｜《美食中国》
主播开播了

第七章　应用场景即兴口语表达

本章要点

1. 销售场景即兴口语表达技巧。

2. 讲解场景即兴口语表达技巧。

3. 常见的面试类型及面试场景模拟实践训练。

即兴口语表达不仅在媒介表达中有广泛的应用，其口语传播特性决定了日常生活、学习、工作等场景也会出现即兴口语表达的应用。要在这些应用场景中提升表达内容的精确度、语言表达的流畅度、表达方式的艺术性，均需要进行较为科学的学习和训练。

第一节　销售场景即兴口语表达

理论概要

一、销售场景概说

销售场景即兴口语表达训练主要是为了在有具体销售目的性的场景中，完成有效的有声语言表达传播。销售场景作为日常生活中最常见的应用交际场景，渗透并穿插在每个人的社会交际行为中。销售场景即兴口语表达作为具有强烈目的性的口语表达行为，其表达质量及表达效果至关重要。

（一）销售及销售场景界定

销售是指以出售、租赁或其他任何方式向第三方提供产品、服务的行为，包括为促进该行为进行的有关辅助活动。例如，广告、促销、展览、服务等活动。或者说，销售是指实现企业生产成果价值的活动，是服务于客户的一场活动。本章节主要从口语表达视角出发，审视和建构销售的定义，强调语言交流特别是非文本化的即兴语言表达对于促成交易及服务的销售行为。

（二）销售场景口语表达分类

销售场景根据不同的参考依据有不同的分类方式。根据销售场景中表达主体的不同，可分为销售人员的口语表达和消费者的口语表达。由于二者表达目的的差异性及表达背景的错位，其口语表达的方式及策略也具有较大差异。根据销售场景的差异性，可分为线下销售场景、线上销售场景、一对一销售场景、一对多销售场景等。根据销售产品的不同，可以分为日常用品销售场景、房车类大件销售场景、服务销售场景、知识教学类销售场景等。

另外，销售场景还可以根据性别、年龄、职业的不同进行更细致的分类，学生可以根据实际应用场景的不同选择不同的消费分类方式进行有针对性的学习与训练。

二、销售场景即兴口语表达技巧

销售行为的目的是达成销售结果，这一即兴口语表达行为的主体是从事消费推销行为的销售人员，他们一般必须对所销售的产品、服务等进行前期准备和文本积累，但是在实施销售场景的交流中，并不是机械地背诵提前准备的台词，而是根据现场情况进行有针对性的即兴口语对话。这就需要销售主体具有良好的表达技巧，这样才能更好地促进销售行为。具体来说包括以下几点：

（一）销售对象分析

在完成销售的过程中，语言是销售人员与消费者之间最主要的交流手段，而即兴口语表达更是该交流活动中的主要方式。销售人员对消费对象的分析存在两种情况：

第一种情况是由提前邀约等方式获取的客户。这种情况下，销售人员对消费者有较多的了解空间，根据所填写的会员信息等可以更好地了解消费者的职业、年龄、消费需求、消费水准等因素，由于是提前邀约，因此销售人员可以有充足的时间准备销售过程中的说辞。

第二种情况是临时获取的客户。在很多零售行业中，临客是客户的主要类型，因此，对于临客的分析是销售人员对象分析的核心内容。首先，销售人员可以通过观察消费者的衣着、谈吐、举止等因素，判断消费者的个人情况，再进行即兴交流。其次，在交流过程中，要根据与消费者的交流情况及时调整自己的交流话术，以便更好地与消费者之间搭建起密切的沟通桥梁。

（二）销售表达状态

销售人员的精神面貌和表达状态与最终的销售结果呈正相关关系，因此，提升销售人员的表达状态是至关重要的。表达状态的提升可从语言的内部技巧、外部技巧层面着手。停连、重音、语气、节奏等外部表达技巧及内在语、对象感、情景再现等内部技巧的合理运用都直接作用于语言表达，并且通过语言载体最终体现出来。

例如，在很多销售场景的问好过程中，很多商家会用具有标志性的语言"欢迎光临，请随意挑选"。销售人员看似以一种积极的状态说了这句话，但是并没有表达出真心诚意，因此，其所产生的传播效果往往大打折扣。反之，在某些商家的接待时拒绝套路式的话语模式，轻声细语地用心问候让人感觉宾至如归。

（三）销售语言组织

在销售场景的即兴口语表达过程中，销售人员看似具有完整的销售话术，但并不是所有消费者都会买单。如前文所述，消费群体存在着差异性，这也说明销售语言的组织需要以消费者为出发点，不能仅限于千篇一律的销售话术。因此，在销售过程中如何根据不同消费者进行灵活的销售语言组织，是达成销售结果的重要一环。

销售语言主要包括三部分：

第一，品牌及产品内容推荐部分。这一部分的语言组织主要通过公司的前期专题培训、销售人员的精心准备等获得。

第二，消费者的礼仪性交流部分。这一部分主要包括见面问候、交际礼仪等内容，因此，销售人员需要通过提升自身的礼仪水准更好地促进销售交际质量。

第三，消费者提问反馈部分。消费者的需求不同，会提出不一样的问题，针对这些问题，销售人员不能一味地根据回答话术应付，而应该有针对性地为消费者解答问题。

（四）得当的销售肢体动作

肢体动作是副语言创作表达的一部分，辅助有声语言表达。得体的肢体动作与有声语言之间会产生一加一大于二的效果，有利于促进销售行为的达成。反之，不得体的肢体动作的使用会阻碍语言的表达，甚至让消费者产生反感。例如，在销售过程中，少量的销售人员会出现动作过多、幅度过大的现象，这样的行为会让消费者产生不适感，最终遗失客户。

肢体动作的表达一般会坚守"少量精致、辅助得当"的原则。一方面，肢体动作不宜过多，当然也不能没有。少量的肢体动作的使用会促进语言的表达，让语言本身更加具有节奏感和传播力。另一方面，肢体语言发挥的是辅助的作用，过于突出的肢体表达往往会喧宾夺主，让消费者感到混乱，销售人员会失去传播重点，降低传播效果。

实践训练

训练要求：按照要求完成下列题目。内容呈现上需要搭建语言表达纲要或者思维导图，要注意销售目的性话术表达的"度"，语言顺畅，注意语言表达的技巧。请注意区分销售与日常交流的差异性，并且注意基本的销售礼仪。每题时间为2分钟。

1. 请自选一件日用品（牙刷、毛巾、水杯等），并设置直播带货场景，进行线上直播带货销售。

2. 模拟商场不同的销售场所，以消费者的身份与销售人员进行交流，根据交流情况总结销售交流中的语言缺陷，并提出改善方案。

3. 模拟直播带货场景，根据消费者的情况，首先进行用户分析，然后完成你所使用的笔记本的推荐销售。

4. 在笔记本电脑销售过程中，如果用户出现了迟疑不决的购买状态，你应该如何开展后续的交流活动？思考并尝试实践表达。

5. 模拟电视直播购物节目中销售助农苹果，你作为主持人，需要与商家代表沟通交流，并向观众进行推荐，并思考与商家代表沟通、向观众推荐语言表达的差异性。

第二节　讲解场景即兴口语表达

理论概要

讲解是人际传播及群体传播过程中常见的表达方式，提升讲解表达质量至关重要。特别是在景区解说、博物馆解说、示范中心讲解等特定的讲解场景中，语言表达的方式、内容、技巧都影响着传播效果。

一、讲解场景概说

讲解是指在人际传播过程中，通过有声语言和副语言，有针对性、目标性地进行内容及情绪传播的行为。讲解场景则是完成这一行为的表达空间。具体来说，讲解场景主要包括以下几类：

（一）景区讲解

景区讲解是日常生活中最常见的讲解场景，是为了满足游客在旅游场景中除了所看、所听、所感知的直观信息，对更加细致、深化的微观内容的需求。在景区讲解中，讲解员需要根据游客的教育背景、年龄、职业、爱好、性别等因素，有针对性地进行即兴口语表达，让游客通过讲解获取更多的信息。需要注意的是，并不是讲解信息越多、越高、越深就越好，组织、传播与受众相贴合的讲解内容才是优质的传播表达方案。

（二）展馆讲解

相对于景区讲解，展馆讲解最大的不同体现为表达空间的差异性及传播信息的局限性。相较于景区较为广阔的户外表达空间，展馆往往在室内的局域性空间。例如，博物馆、展览馆、示范教育中心等场景。空间的差异带来的不仅是场景的改变，更是信息源、传播距离、传播路径等多元差异。受展品、展览版、文字介绍等具体布展因素的影响，不同展馆的讲解方式、讲解内容、讲解状态也会有差异。

（三）礼仪接待讲解

礼仪接待讲解也是讲解场景中较为常见的一种表达样态。例如，行业中的佼佼者会在企业设立一定的展览区域，一般为规划馆、档案馆等，方便同行业人员或其他人员前来参观或学习。在这一过程中，除了要解说内容，以单位主人的身份完成礼仪性职能也至关重要。因此，讲解员需要以单位主人的身份，在表达中以积极的语言、副语言状态完成接待讲解。特别要注意的是，企业的礼仪接待与景区展馆类讲解有所不同，此类讲解需要将礼仪职能放在首位，在传递信息的同时，还要通过语气、情绪的变化传播企业的价值观念、精神状态。

二、讲解场景即兴口语表达技巧

讲解场景即兴口语表达行为需要充分考虑传播场景的特殊性、传播对象的接受度、传播路径的分散性等因素，并且根据这些因素运用相应的即兴口语表达技巧。

（一）充足的受众分析

讲解不是自我的内化表达，而是一种具有明确传播对象的语言表达方式。旅游景区的导游讲解是将内容传播给游客，博物馆中的讲解员则是将与展品相关联的知识等传播给参观者。同样是讲解场景的即兴口语表达，其传播对象和接受目的具有明显的差异性。因此，充足的受众分析至关重要，受众分析主要存在两种情况：

1. 提前知晓的受众分析行为

此类受众分析给了讲解者一定的准备时间，使其可以更加充分地完成受众的分析行为。例如，旅游团接待团队游客时可以提前知晓游客的身份，包括年龄、性别、职业、收入、受教育程度等。根据这些参考因素，导游可以有针对性地进行导游词的讲解，游客也会有更加优质的旅行体验。如果游客是有一定的文化素养或是对旅游景点较为熟悉的文化学者，导游则可以准备一些更加严谨且内容更加深入的讲解词，以满足此类人群的文化需求。如果游客群体是研学的小朋友，导游可根据小学生的知识体系和性格特征，在导游词及语言表达风格的趣味性等方面做准备。

2. 临时即兴的受众分析行为

此类受众是临时安排给讲解员的，讲解人员对临时的讲解群体可以循序渐进地进行受众分析。见到讲解对象之后，讲解人员不需要直接进入讲解内容，而是与其进行一些礼貌的寒暄，以加强对于讲解对象的了解。另外，在讲解过程中，讲解人员可以根据所了解的情况进行一定内容的讲解，并且根据受众的反馈，积极进行讲解内容、讲解方式、讲解节奏的合理调整，争取达到讲解效果的最优化。

（二）海量的信息搜集

讲解工作的存在是因为传授对象之间存在一定的信息差，需要通过讲解员的补充和引导，使受众对于参观旅行内容有更好的理解，得到优质的参观旅行体验。随着信息化时代的到来，参观群体的知识信息水平不断提升，对讲解者的知识水平也提出了更高的要求，因此，海量信息的搜集和整合处理成为讲解员当下面临的必修课。

具体而言，讲解人员要以其所讲解的景点、博物馆藏品相关知识为主体，以其他信息为补充，形成"一专多能，博学精尖"的知识体系结构，以满足不同受众群体的讲解需求。例如，在景区景点的讲解过程中，除了了解与景区景点相关的知识，还可以补充景区历史、文化理念、游客情况、游览攻略等相关知识，以满足不同受众的需求，特别是面对游客的临时提问时做到游刃有余。

（三）适当的情绪及副语言运用

解说不仅包括文本内容的语言表达，还包括附着在语言当中的情感情绪和副语言辅助表达。适当的情绪和副语言的运用会对解说效果产生锦上添花的作用，反之则会影响传播效果。副语言，是指相对于语言的主体地位，发挥辅助作用的表达手段，主要包括表情、动作、服装、发型、道具等内容。讲解人员由于受个人客观因素及主观性格、解说时的情绪等因素的影响，很难找到一种舒适自然的表达方式，甚至在一些景区及博物馆，形成了一整套标准化的语言、动作、表情等讲解状态，给受众一种机械化甚至虚假的不良感受。因此，找到适当的情绪和副语言表达方式至关重要。

这需要讲解人员做到两点。第一，加强实践练习，在实践中摸索舒适的表达状态。例如，在博物馆某处场景的讲解中，讲解人员通过多次实践知道怎样的表情、动作引导可以与所展出的文物之间的基调相契合，而不是千人一面、千篇一律。第二，尝试寻找自己独特的表达符号。在自媒体时代，活跃于网络并深受喜爱的"网红"讲解员，具有明显的表达符号，有利于加深受众的记忆。例如，讲解员语言上的表达特征，服装、发型、道具等方面具有的持续性和关注度的标志，都是促进讲解信息高效传播的重要手段。

实践训练

一、讲解场景即兴口语表达训练

训练要求：根据文稿提示，从中选择 500 字左右文稿，根据解说需求对内容进行重构，可以达到熟练讲述的程度。要根据重构文稿内容及表达特点，设计相对合适的动作表情，建议选择沉浸式的表达场景，如较为宽敞的教室，配合多媒体音视频播放，在模拟走动交流中完成表达。讲解时间为 3 分钟。

▌九寨沟——诺日朗瀑布

各位游客朋友，大家好，欢迎来到童话世界九寨沟！九寨沟位于四川省阿坝藏族羌族自治州九寨沟县境内，这里海拔从 2000 米到 4700 米，总面积约 600 平方公里，历史上它曾叫"羊峒"或"翠海"。九寨沟由岷山山脉中呈

"Y"字形分布的日则沟、则查洼沟和树正沟三条沟所构成，因景区内分布着荷叶、树正、则渣浦等九个古老的藏族村寨而得名"九寨沟"。

九寨沟是大自然馈赠给世人的礼物，沟内拥有数十座终年积雪的雪山和多姿瀑泉，还有原始茂密的森林和众多奇特的海子，使九寨沟不仅成为国宝大熊猫、金丝猴的栖息地，还为我们保留了银杏、红豆杉等 70 多种珍稀植物。1992 年九寨沟被列入《世界自然遗产名录》，2007 年评为中国首批 5A 级景区。为了保护这片人间净土，我需要特别提醒大家：为了营造一个良好的参观环境，请不要大声喧哗，爱护景区的环境，不要投食喂鱼；请大家保管好自己的随身物品，跟随我一起参观。由大门进入后，先参观树正沟和则查洼沟，午餐后游览日则沟，下午五点返回景区大门口集合。

九寨沟以闻名天下的"六绝"著称：翠海、叠瀑、彩林、雪峰、藏情、蓝冰。这六绝中，大大小小的海子、高高低低的瀑布最让人叹为观止，让九寨沟成为水的世界、瀑布的王国。水量充沛的时候，这些瀑布都从密林里狂奔而出，由高处落下，就像一台台绿色织布机永不停息地制造着各种规格的白色丝绸。顺着游览路线，我们将依次欣赏到九寨沟最负盛名的树正瀑布、诺日朗瀑布、珍珠滩瀑布和熊猫海瀑布。1986 年，国务院副总理方毅游览九寨沟后欣然赞叹说：沟间瑶池海连海，山头玉龙峰接峰。

瀑布是水流形式中的佼佼者，大自然之一绝，众所周知，九寨沟是水的世界，所以它也是瀑布王国。今天我就给大家重点讲一讲九寨六绝中的叠瀑。

大家请看，此刻展现在我们面前的就是诺日朗瀑布了。诺日朗瀑布与西藏藏布巴东瀑布群、广西德天瀑布、黄河壶口瀑布、云南九龙瀑布、贵州黄果树瀑布一起被评为中国最美的六大瀑布。

▍武侯祠——诸葛亮殿

朋友们，欢迎走进三国文化圣地——武侯祠。接下来我们将从大门进入，依次参观三绝碑、刘备殿、诸葛亮殿、惠陵等景点。请大家参观时爱护景区环境，紧跟团队。

武侯祠是纪念三国时期蜀汉丞相诸葛亮的祠堂，最早建于南北朝时期。到了明代，武侯祠、汉昭烈庙、惠陵合并到一处，形成了全国唯一的君臣合祀建筑格局。现在我们看到的武侯祠主体建筑是清康熙十一年重建的。

武侯祠作为成都的千古名胜，被海内外游客誉为"三国圣地"。难怪邓小平同志曾说"不到武侯祠，就等于没到过成都"。武侯祠已经成为成都的标志性景点了。

游客朋友们，我们现在所在的位置是诸葛亮殿，诸葛亮殿又称"静远堂"，意思取自诸葛亮的《诫子书》中"非宁静无以致远"这句话。整体建筑风格与前面的刘备殿相协调，青砖灰瓦，面阔三间，只是为了君臣有别，在水平面上比刘备殿要矮一些，也体现出诸葛亮作为幕后军师、蜀国丞相这一角色的地位。大家抬头可以看见大门上方悬挂有"名垂宇宙"四个大字，出自杜甫的诗句"诸葛大名垂宇宙"，由康熙皇帝的第十七子果亲王——爱新觉罗允礼所书写，他就是这些年经常出现在各大清宫戏里面的高富帅"十七爷"。

大家请看，大殿正中的塑像就是蜀汉丞相诸葛亮。在民间，诸葛亮被当作智慧的化身，是一位妇孺皆知的传奇人物。经过时代流传，诸葛亮作为中国"智慧绝顶"的文学形象一经确立下来，就成了民间百姓崇拜的偶像。那诸葛亮的智绝又体现在哪些方面呢？

首先，表现在政治上。诸葛亮 27 岁时，刘备"三顾茅庐"，诸葛亮向刘备提出了三分天下的战略，这就是著名的"隆中对"，随后即出山辅助刘备。54 岁时，诸葛亮再次北伐中病故于五丈原，真的做到了"鞠躬尽瘁、死而后已"。诸葛亮作为蜀汉的丞相，在政治上，安抚百姓、遵守礼制、约束官员、慎用权力，对人开诚布公、胸怀坦诚。为国尽忠效力，即使是自己的仇人也加以赏赐；玩忽职守犯法的就算是他的亲信也给予处罚；只要诚心认罪伏法就是再重的罪也给予宽大处理；巧言令色逃避责任就是再轻的过错也要从严治理，再小的善良和功劳都给予褒奖；再小的过错都予以处罚。赏罚分明，诸葛亮是地道的法家学说的实行者。他制定"汉科"作为蜀国的法度，坚持"科教分明，赏罚必信"，把蜀国治理达到了"官吏不敢作恶，强不欺弱"的程度。可以说他是治理国家的优秀人才，其才能可以与管仲、萧何相媲美。

其次，体现在经济上。诸葛亮在汉中利用休战期间，依靠汉中的经济条件，因地制宜地采取了一系列发展生产的得力措施，使北伐的物资基本上就地得到了解决，诸葛亮死后，蜀汉军撤退，魏军还在蜀营中"获其图书、粮谷甚众"。这正说明了诸葛亮休上劝农，实行军屯耕战的效果。当地人民生活好了，就可以招来更多的人口，使地广人稀的汉中重新得到发展，逐步达到人多、粮多的良性循环，使百姓"安其居，乐其业"。

第三，体现在军事上。诸葛亮作为军事家在历代兵家也得到了较高的认可。司马懿在诸葛亮死后，看到诸葛亮的营垒，称赞他是"天下奇才"。为了达到北伐中原恢复汉室的目的，诸葛亮花大力气治军，他发明的训练军队的《八阵图》是对中国军事技术的一大贡献。唐朝时将诸葛亮评选为武庙十哲之一，与张良、韩信、白起等九位历代兵家享同等地位。诸葛亮也有不少军事著述，如《南征》《北伐》《北出》等，对中国军事界有一定的贡献。诸葛亮在军事技术发明上亦有灵巧的表现，如改良连弩。

第四，体现在外交上。诸葛亮根据当时魏、蜀、吴的力量对比形式制定了"东联孙吴，北拒曹操"的外交战略，而这在当时无疑是相当正确的。同时在对待少数民族方面，诸葛亮采取"攻心为上，攻城为下"的战略，安抚蜀国南部的少数民族，稳固了蜀国的后方。

诸葛亮是智慧的化身，卓越的政治家，孙中山先生曾经评价说："诸葛亮很有才能，所以在西蜀能够成立很好的政府，并且能够六出祁山去北伐，和吴魏鼎足而三。"他还是好丈夫，一个不折不扣的爱妻者，是一个好父亲，《诫子书》就可以说明他的教养，儿孙战死疆场更说明了这一点。

悬挂在门口的"攻心联"就是对诸葛亮智慧的最好证明，接下来请大家和我一起来品读和欣赏这幅著名的"攻心联"。

第三节　面试场景即兴口语表达

理论概要

一、常见的面试类型

（一）结构化面试

结构化面试是指面试题目、面试程序、面试评价、考官构成等方面都有统一明确的章程的一种面试方式。例如，公务员面试和一些银行、国企组织的面试等。

结构化面试包含三方面含义：一是面试过程把握（面试程序）的结构化。在面试的起始阶段、核心阶段、收尾阶段，主考官要考查什么、注意什么、达到什么目的在试前都有相应的要求。二是面试试题的结构化。在面试过程中，主考官要考查应试者的哪方面素质，在面试前都会做出相应的准备。三是面试结果评判的结构化。从哪些角度评判应试者的面试表现，最终评价等级如何区分，这些内容在面试前都有相应的规定。

（二）半结构化面试

半结构化面试是指对面试的部分因素有统一要求的面试。例如，设置统一的程序和评价标准，但面试题目会根据面试对象的不同随机设置。在面试提问上，考官会围绕考生素质、能力与岗位的匹配度等要素展开追问。半结构化面试结合了结构化面试和非结构化面试的优点，有效避免了单一方法上的不足，在面试过程中让面试者和面试官可以双向沟通。

（三）非结构化面试

非结构化面试是指对与面试有关的因素不做任何限定的面试，是一种随意性较强的面试。例如，企业面试一般会采用聊天式的提问方式，根据公司需要或应聘者简历中的相关内容进行提问，面试过程中，面试官可以由此全面了解应试者情况，应试者也会更放松，易敞开心扉。

（四）无领导小组面试

无领导小组面试是采用情景模拟的方式对考生进行集体面试的考查方式。考官可以通过考生在给定情景下的应对危机、处理紧急事件以及与他人合作的状况来判断考生是否符合岗位需要。

二、应试者的前期准备工作

(一) 提高专业技能

常言道:"工欲善其事,必先利其器。"想在面试中取得成功,首先在面试之前要准备一些必备的专业技能,只有以扎实的专业功底和广博的知识面为基础,在面试中才能信手拈来。面试时的即兴口语表达和演讲口才不同,不是仅靠一张能言善辩的巧嘴就能面试成功,更需要了解意向工作岗位对知识技能的具体要求。

(二) 了解应聘岗位

知己知彼,百战不殆。若想面试取得成功,首先要知己知彼,才能在面试中紧扣对方所需进行发挥,表述己之所能。因此,应试者应该提前了解应聘岗位的信息,知道企业需要什么样的人才。例如,可以从招聘广告上的工作岗位介绍、互联网企业介绍、企业内刊和行业出版物、电视或上门咨询等了解企业用人需求。在了解了招聘岗位、招聘企业情况及行业信息的基础上,总结出招聘方需要招聘具备什么素质、何种技能、工作经验的人才,面试时可能提出什么类型的问题,再结合自身优势巧妙回答,而不是临场才开始思考,回答文不对题,缺乏重点或者过于简单,没能传递出考官想了解的东西。在信息爆炸的时代,应试者要有备而来,做到对双方情况了如指掌,在面试过程中发挥出色的口才,扬长避短,才可能在面试中胜人一筹。

(三) 保持乐观心态

面试前应该调整情绪,保持乐观的心态。首先,面试前应保证充足的睡眠,使自己精神饱满地面对主考官,适当消除焦虑,转移注意力,克服面试前的怯场心理。其次,面试过程中,注意说话节奏,不宜过快或过慢。语速过快会使思维混乱,导致语言出错;讲话过慢会使考官疲惫,导致气氛沉闷,不利于面试成绩。最后,眼神坚定、不游离,既可以给对方诚恳、自信的印象,又可以帮助自己消除紧张情绪。在面试的过程中,应试者需要有十足的信心,有乐观的信念,重要的是要战胜自己,不要轻易放弃机会。

三、应试者的语言组织方式

（一）定话题

面试时的临场性决定了应试者必须具有较强的思维能力。较强的思维能力有助于应试者快速形成发言思路、表达框架，实际上就是一个快速创作、打腹稿的过程。定话题就是应试者应该选择自己想说的、能讲的，考官想听的，社会需要的热点话题等。面试的时间很短，要在短时间内讲得精彩，就必须先定一个话题，话题定好以后，应试者可以在接下来的面试中指明话题方向，敲定中心内容，延伸相关内容。

（二）定观点

应试者应该选择思想明确、简洁深入、言之有理的观点。在即兴表达时，应试者由于紧张可能会出现"思维短路"现象，脑海里捕捉到的都是所谓的"灵感"或"思维点"。应试者需要在短时间内将这些"思维点"或"灵感"快速组合在一起，随之形成即兴表达时的观点提示信号。一旦话题关键点定好后，应试者就要抓住话题的核心，以此为延伸点，自然而然地引出自己的观点。

（三）定框架

这里的框架包括两种模式：第一种是开门见山式，也叫金字塔式，先明确主题，然后对主题做具体的论证和分析、解释、说明；第二种是曲径通幽式，先举例，后叙述主旨要点，然后说明理由并进行论证分析。

四、应试者的语言表达技巧

（一）避重就轻，婉转回答

面试过程中，应试者作为被问者，与考官之间是一种重要的配合关系。当考官向应试者提出一些不好直接回答、不便直接回答的问题时，应试者可以避重就轻，婉转回答。面试中，应试者有时需要因时循势，避开问题的针对点，巧移问题重心，用良好的逻辑语言展现自身的优点和能力，从而使考官对自己产生积极、正面的评价。这是一种迂回、婉转的思路，从另外一个角度对问题进行解答，以轻松的态度，婉转地表达出自己的想法。这也是一种使用率较高的回答方法。[①]

（二）打开对话，深入交流

首先，应试者可以选择能让考官感兴趣的话题，当考官对所谈话题有兴趣时，便会有想对应试者进行深入了解的想法；其次，应试者可以寻找考官的话题兴趣点，这个兴趣点不可以远离谈话的中心，最好是与既定话题内容高度相关的；最后，应试者可以尝试把握话题的主动权，引导面试官的思维模式，深入交流，这样比按部就班回答问题的模式更容易赢得面试官的青睐。

（三）创新思维，即兴解释

创新性思维是在面试中最能使求职者脱颖而出的方式。随着社会的不断发展，创新意识越来越被重视，很多企业把创新视为生命，所以应试者要突破传统思维模式，以不落窠臼的回答吸引考官的眼球。这就要求应试者在即兴表达的过程中对创新性思维内容进行即兴解释、合理补充。因此，应试者要不断提升语言表达的综合能力，提升语言表达的艺术性，掌握面试中正确的沟通方法与技巧，以便在求职面试中能脱颖而出。

实践训练

一、结构化面试训练

训练要求：根据要求完成下面的结构化面试训练。要围绕题目中的核心内容展开，从题干的具体问题入手，直接解决问题。语言逻辑清晰、连贯，语言表达准确、流畅，尽量在完成题目的情况下做到语言的艺术化表达。每题时间为3分钟。

---

① 张琦、贾毅：《主持人即兴口语表达艺术》，北京：中国传媒大学出版社，2019年版，第203页。

1. 孔子说："不在其位不谋其政。"古语说："身在兵位，胸为帅谋。"你如何理解这两个观点？你认为实际工作中更应该注重哪一个？

2. 有人说："多难兴邦，生于忧患，死于安乐。"但是人们同时希望国家国泰民安、五谷丰登、风调雨顺。你如何看待这两种观点？

3. 作为新人刚到单位有两位师傅负责"老带新"。一位师父安排工作希望你能够尽快完成，另一位师父又安排你另一样工作。面对这样的情况，你会怎么做？

4. 同事小李突然胃病发作，领导把他的工作交给你做，并且比较紧急，而你自己的工作也很紧急。面对这样的情况，你会怎么办？

5. 你和单位领导去兄弟单位参加座谈会，汇报资料等全部准备完毕，并且领导审核通过。会议三点开始，但到了一点后，领导说临时有事突然出去了，然后再也联系不上。你应该怎么办？

6. 历史文化名城建设外包给承包商，有人认为能助于文化名城的推广，也有人认为这样会导致名城缺乏底蕴。你怎么看？

7. 近几年，知识付费非常火爆，但一些知识平台存在收费不合理、欺诈等行为。对此，你怎么看？

8. 网传商家以售卖盲盒的名义将动物快递给买家。当地的爱心人士在宠物盲盒的发货地，解救了上百只被邮寄的小猫、小狗，其中不少奄奄一息。宠物盲盒的事情已经不是第一次出现。你如何看待这一现象？

9. 当前很多外卖平台上线"明厨亮灶"模块，消费者外卖平台上目睹所选餐饮商家的后厨环境和菜品制作过程，实现"可视化"点餐。你如何看待这一现象？

10. 假设一个紧急项目中，你团队中的两名成员产生了严重的意见分歧，影响了项目进展。面对这样的情况，你将如何协调这两名成员并促使他们合作？

二、非结构化面试训练

训练要求：按要求完成下列非结构化面试训练。要求思路清晰，表达严谨，语言连贯，回答问题时尽可能引经据典。每题回答时间为 3 分钟。

1. 到目前为止，你认为哪方面的技能或个人素质是你成功的原因？

2. 什么因素促使你可以努力工作？

3. 如果你被聘用的话，你会带来什么其他人不能带来的优点和长处？

4. 在你学习和参加社会活动的经历中，你的哪些素质使你成为公司很有价值的员工？

5. 你组织或参加过哪些社会活动？别人对你的评价如何？

6. 你认为你的工作效率怎么样？

7. 你认为你对工作的最重要的贡献是什么？

8. 在你的工作经历中，你认为哪些素质对你工作帮助最大？

8. 请讲一下去年你承担的最具有挑战性的任务之一。你为什么认为那件事很具有挑战性？

10. 工作中什么环境和事情对你的影响最大？

11. 叙述一个你的正直、诚信受到挑战的经历。

12. 叙述这样一个经历：尽管其他人反对，但是你还是坚持自己的观点，并把事情继续做下去。

13. 列举一个你的同事（同学）不道德的一件事，你为什么认为那种行为不道德？

14. 你认为一个好的团队管理者的最主要特点是什么？为什么？

15. 你喜欢参加体育活动吗？比较喜欢参加哪些体育活动？

16. 讲一下你对团队工作最喜欢和最不喜欢的地方？为什么？

17. 你在什么情况下工作最有效率？

18. 说出你作为团队者所遇到的最困难的事情，最后是如何解决这个困难的？你在解决这个困难中起了什么作用？

19. 若平时你发现你办公室的人或你的下属偷窃了少量的办公室用品，你会制止他们吗？如果会的话，你该怎样做？

20. 假如你的一位同事给你讲了一件十分重要的事情或秘密，你觉得你的老板也应该知道这件事，你该怎么办？

三、半结构化面试训练

训练要求：根据要求完成下列半结构化面试训练。回答问题时请结合实际，要有角色意识，用职业化的口语表达方式、人际化的互动形式作答。每题用时 3 分钟。

1. 你为什么选择这个职业？

2. 你最忍受不了的企业文化是什么？

3. 你如何看待理想与现实的差距问题？

4. 你在社团活动中一直担任领导的角色，是不是在任何场合都喜欢这样？

5. 你是不是很喜欢做领导的感觉？

6. 别人对你的评价是什么？

7. 你被人误解过吗？被上司骂怎么办？

8. 你的兴趣爱好有哪些？

9. 对你影响最大的一个人是谁？

10. 大学生活觉得自己最满意/最遗憾的事是什么？

11. 用三个词语形容你自己。

12. 如果你辛辛苦苦完成了一项工作，但是领导在看到你的东西之后却劈头盖脸把你骂了一顿，你会怎么办？

13. 你有什么爱好？这些爱好跟你的专业有什么关系？

14. 推销一下你自己。

15. 你认为是过程重要还是结果重要？

16. 你如何在保持优秀的学习成绩的同时还能有那么多的实习经历？

17. 如果你在工作中，别人对你的批评多于赞扬，你会怎么办？

18. 你认为一个满意的工作都需要什么条件？

19. 你如何平衡个人爱好和学习任务之间的时间分配？

20. 坦率地讲，你认为你的人缘怎么样？

四、无领导小组面试训练

训练要求：根据要求完成下列无领导小组面试。首先需阅读思考材料、个人陈述、自由讨论、总结陈词。在面试过程中考查考生的语言表达能力、综合分析能力、逻辑思维能力以及应急应变能力等。每题用时 3 分钟。

1. 假如一架私人飞机坠落在荒岛上，只有 6 人存活。这时逃生工具只有一个只能容纳一人的橡皮气球吊篮，没有水和食物。要让离岛与留岛的人都有最大的生存可能。应该怎么办？这 6 人分别是：怀胎八月的孕妇、正在研究新能源汽车的发明家、研究艾滋病治疗方案并已取得突破性进展的医学家、即将远征火星的宇航员、负责热带雨林抢救工作组的生态学家、流浪汉。请选择最适合乘坐橡皮气球吊篮逃生的人，并说明理由。

2. 一家 20 世纪 90 年代的互联网公司，2006 年开始逐渐做出了成效，在社会上赢得鲜花和掌声。但在公司内部，还是有一些问题是急需解决的。主要包括：人才待遇不高，流动大；职能交叉，结构不清晰；该公司部分子公司的高层领导缺乏创新和进取心；部分部门缺乏整体战略规则；企业发展迅速，有资金风险。你作为团队负责人需要向上级汇报，请对以上问题进行排序，并说明理由。

3. 假如你可以带 8 个人去西天取经，包括李逵、孔子、瓦特、林黛玉、郑和、武则天、牛顿、李白。请根据你的工作需要和人员安排对这 8 个人进行排序，并解释原因。

4. 一个成功的领导者，取决于很多因素。例如，善于鼓舞人，能充分发挥下属优势、处事公正，能坚持原则又不失灵活性，办事能力强，幽默、独立、有主见，言谈举止有风度，有亲和力，有威严感，善于沟通，熟悉业务知识，善于化解人际冲突，有明确目标，能通观全局，有决断力。请分别从上面所列的因素中，选择一个你认为最重要和最不重要的因素，并解释原因。

5. 在炎热的八月，假如你乘坐的小型飞机在撒哈拉沙漠失事，机身严重摧毁，即将着火，飞机燃烧前你们只有 5 分钟时间从飞机中领取物品。在考虑沙漠的情况后，按照物品的重要性，请从 15 项物品中挑选 5 项，并解释原因。物品清单：一盏闪光信号灯、一把军刀、一张该沙漠的飞行地图、七件大号塑料雨衣、一个指南针、一个小型量器箱（内有温度计、气压计、雨量计等）、一把 45 口径手枪（已有子弹）、三个降落伞（有红白相见图案）、十瓶饮用水、七副太阳眼镜、两加仑伏特加酒、七件厚衣服、一面化妆镜、一瓶维他命（100 粒装）、一本《沙漠动物》百科全书。

6. 如果发生海难，一艘游艇上有 8 名游客等待救援，但是现在直升机每次只能救一个人。游艇已坏，不停漏水，寒冷的冬天，刺骨的海水。游客情况如下：（1）将军，男，69 岁，身经百战；（2）外科医生，女，41 岁，医术高明，医德高尚；（3）大学生，男，19 岁，家境贫寒，参加国际奥数获奖；（4）大学教授，男，50 岁，正主持一个科学领域的项目研究；（5）运动员，女，23 岁，奥运金牌获得者；（6）经理人，男，35 岁，擅长管理，曾将一大型企业扭亏为盈；（7）小学校长，53 岁，男，劳动模范，五一劳动奖章获得者；（8）中学教师，女，47 岁，桃李满天下，教学经验丰富。请将这 8 名游客按照营救的先后顺序排序，并解释原因。

7. 假如你是可口可乐公司的业务员，现在公司派你去偏远地区销毁一卡车的过期面包（无损于身体健康）。在行进的途中，刚好遇到一群饥饿的难民堵住了去路，因为他们坚信你所坐的卡车里有能吃的东西。这时，报道难民动向的记者也刚好赶来。对于难民来说，他们要解决饥饿问题；对于记者来说，他要报道事实；对于你这一名业务员来说，则要销毁面包。现在要求你既要用过期面包解决难民的饥饿问题，又不让记者报道面包过期这一事实。请问你将如何处理？

本章思考题

1. 如何提升销售场景的即兴口语表达？
2. 网络直播销售与线下直播销售时的语言表达有什么不同？
3. 景区讲解需要注意什么？
4. 如何提升博物馆讲解语言表达的艺术性？
5. 面试场景即兴口语表达的核心要义是什么？

参考文献

毕一鸣. 语言与传播——广播电视播音与主持艺术新论 [M]. 北京：中国广播电视出版社，2005.

曾致. 节目主持艺术基础 [M]. 北京：中国传媒大学出版社，2015.

陈虹. 节目主持人概论 [M]. 北京：高等教育出版社，2020.

姜燕. 即兴口语表达 [M]. 济南：山东人民出版社，2013.

克里斯·安德森. 演讲的力量 [M]. 蒋贤萍，译. 北京：中信出版社，2016.

李衍华. 逻辑·语法·修辞 [M]. 2版. 北京：北京大学出版社，2011.

林玉佳. 主持人思维与口语能力训练 [M]. 重庆：西南师范大学出版社，2018.

鲁景超. 广播电视即兴口语表达 [M]. 北京：中国传媒大学出版社，2000.

秦琍琍，李佩雯，蔡鸿滨. 口语传播 [M]. 上海：复旦大学出版社，2011.

宋晓阳. 完美沟通 [M]. 北京：中国友谊出版公司，2020.

苏凡博. 主持人即兴评述 [M]. 北京：中国传媒大学出版社，2021.

孙玉胜. 十年——从改变电视的语态开始 [M]. 北京：生活·读书·新知三联书店，2003.

童肇勤. 即兴口语表达 [M]. 杭州：浙江大学出版社，2016.

汪圣安. 思维心理学 [M]. 上海：华东师范大学出版社，1992.

王彪. 主持人思维与表达 [M]. 北京：中国传媒大学出版社，2017.

王群，曹可凡. 谈话节目主持艺术 [M]. 上海：上海社会科学院出版社，2002.

翁如. 主持人思维训练教程 [M]. 2版. 北京：中国传媒大学出版社，2018.

吴郁. 提问：主持人必备之功 [M]. 北京：中国广播电视出版社，2008.

吴郁. 主持人的语言艺术［M］. 北京：北京广播学院出版社，1999.

吴郁. 主持人思维与语言能力训练路径［M］. 北京：中国广播电视出版社，2005.

杨澜. 我问故我在——杨澜访谈录［M］. 上海：学林出版社，1999.

应天常，王婷. 主持人即兴口语训练［M］. 北京：中国传媒大学出版社，2023.

於春. 主持人即兴口语传播［M］. 北京：中国传媒大学出版社，2012.

张琦，贾毅. 主持人即兴口语表达艺术［M］. 北京：中国传媒大学出版社，2019.

张颂. 播音语言通论：危机与对策［M］. 3 版. 北京：中国传媒大学出版社，2012.

张颂. 语言传播文论［M］. 北京：北京广播学院出版社，1999.

张颂. 中国播音学［M］. 北京：中国传媒大学出版社，2003.

中共中央宣传部新闻局. 漫谈新闻评论［M］. 北京：学习出版社，2014.

中国传媒大学播音主持艺术学院. 电视节目播音主持［M］. 北京：中国传媒大学出版社，2015.

仲富兰. 广播评论——功能、选题与语言艺术［M］. 上海：复旦大学出版社，1997.

周云. 主持人即兴口语表达［M］. 北京：中国传媒大学出版社，2016.

后 记

　　即兴口语表达是主持人思维结构、语言能力、话语素养的综合体现，特别是在新媒体技术迭代更新的背景下，传播过程互动内容增多、互动方式拓展，这一趋势对传播主体的即兴表达能力提出了更高要求。

　　《主持人思维与即兴口语表达》一书立足媒介前沿、专业特色、业界导向，注重"素质、能力、知识"的融合创新。本书以主持人思维训练为逻辑起点，以媒介融合背景下播音主持实践的动态发展为基本原则，以广播、电视、新媒体播音主持的即兴语言创作活动为研究对象，系统梳理主持人即兴口语表达的理念、原则、路径，涵盖主持人思维方式、描述与复述、即兴评述、即兴主持、直播解说即兴口语表达、应用场景即兴口语表达等内容。

　　近年来，我们不断对教学理念、教学内容、教学方法进行革新，通过形式多样的训练方式与训练内容提升学生的思维与即兴口语表达能力，但这种课堂训练的特点是碎片化、多线条，难以将其形成内容完整、体系全面的训练教材。基于这样的认识，我们几位播音与主持艺术专业青年教师与一线从业者编写了这本教材。

　　本书由王博担任主编，负责拟定提纲、统稿和修订。具体章节撰稿分工如下：第一章，韩幸霖、王博；第二章，王纯雪、张国轩；第三章，王博；第四章，方媛、王宁；第五章，杨元；第六章，张国轩、王纯雪；第七章，赵广远、张煜霖。

　　本书为四川师范大学播音与主持艺术专业国家级一流本科专业建设点建设成果、四川师范大学2021年度校级规划教材项目成果。本书的出版得到了四川师范大学教务处和影视与传媒学院的大力支持，在此表示感谢。

　　本书经典案例与训练材料的选择兼顾了时代性、具体性、典型性、实效性等特点。这些材料来源于经典节目的播出稿，以及新华网、人民网、央视网等媒体的优秀新闻报道。这些优秀的作品为播音与主持艺术专业教学提供了丰富的案例与素材，我们尽可能地标注了作者和出处，部分因为条件限制未能说明，还望作者体谅，同时也向本书中引用的原作者及单位表示感谢。

　　为了让教材的实践训练与媒介接轨，在撰写之前，我们充分听取了学界和业界专家们的意见，多次对教材的构思、体例、内容进行重构。专家们对播音与主持艺术专业的热忱和对工作的一丝不苟，让我们深感敬佩。

　　由于时间紧、水平有限，加之本书的编写人员呈现年轻化特点，书中部分内容阐述尚有不成熟之处，我们真诚期望得到各位专家和读者们的批评、指正，以便今后继续修订和完善。

　　行稳致远，进而有为。这本教材是播音与主持艺术专业青年教师与从业者的思考，希望能为播音与主持艺术专业建设贡献绵薄之力。未来，我们将继续前进，致力于播音主持事业的发展。

王　博

2024 年 3 月